Max Galli • Michael Kühler

IM REICH DER MITTERNACHTSSONNE

Reise durch Skandinavien

FLECHSIG

Max Galli • Michael Kühler

IM REICH DER MITTERNACHTSSONNE

Inhalt

17

Himmlische Schauspiele – Mitternachtssonne und Polarlicht

31

Hurtig zum Nordkap – Norwegen

71

Zwischen Sauna und Tango – Finnland

111

Schweden – Pippi Langstrumpf und andere Göttliche

151

Kleines Dänemark – ganz groß

185

Nicht nur Schafsinseln – Färöer

211

Elfen, Trolle und Weihnachtsgesellen – Island

Seite 250: Karte

Seite 252: Impressum

Erste Seite:
Wenn im Westen die Sonne im Meer versinkt und sich der Tag dem Ende neigt, dann kann man im sommerlichen Island davon ausgehen, dass die Morgenröte nicht weit ist. Die grandiose Kulisse der Westfjorde, wie hier bei Bolungarvik, verstärkt das Gefühl der Einsamkeit am westlichsten Zipfel Europas.

Seite 6/7:
Die Mitternachtssonne spiegelt sich farbenfroh im Porttipahdan tekojärvi. Der See liegt auf 67° 59′ nördlicher Breite und 26° 41′ östlicher Länge, mitten im finnischen Teil Lapplands. 200 Kilometer nördlich des Polarkreises wird es hier im Sommer nachts nicht wirklich dunkel – und im Winter auch tagsüber nicht wirklich hell.

Seite 8/9:
Besonders eindrucksvoll ist die Mitternachtsstimmung auf der größten Hochebene Europas, der Hardangervidda. Erreichbar ist dieses lichtdurchflutete Land der Farben und Formen auf der norwegischen Reichsstraße 7, doch intensiver erleben lässt es sich bei einer ausgedehnten Wanderung.

Seite 12/13:
Ruhe und Erholung verspricht ein Sommerurlaub an einem der zauberhaften schwedischen Seen. Wie hier im mittelschwedischen Hälsingland spiegeln sich oft Wolken im tiefblauen Wasser.

Himmlische Schauspiele – Mitternachtssonne und Polarlicht

Im nordischen Sommer wird die Nacht zum Tag gemacht. Am Polarkreis geht die Sonne in einer Juninacht überhaupt nicht unter. Je weiter man in den Norden vordringt, desto mehr Wochen bis hin zu Monaten dauert dieses Schauspiel der Mitternachtssonne. Direkt am geografischen Nordpol müsste dieser Polartag exakt ein halbes Jahr dauern, doch aufgrund der Lichtbrechung in der Erdatmosphäre geht die Rechnung nicht ganz auf: Die Eisbären haben noch etwas länger davon.

In den „südlichen Ausläufern" des hohen Nordens wie Oslo, Stockholm und Helsinki geht im Sommer die Abenddämmerung nahtlos in die Morgendämmerung über, es wird nicht richtig dunkel und die Menschen genießen diese „Weißen Nächte" nach den langen, dunklen Wintern. Und die haben es in sich, denn in Spitzbergen wird es im Dezember und Januar überhaupt nicht hell. Es sei denn, das Polarlicht erhellt mit seinem magischen Schein den Himmel.

Dunkel lockende Welt

In der nordischen Mythologie wurde das Polarlicht als Tanz der Jungfrauen und Walküren, oder als Kampf der Götter und Geister gedeutet. Die meist grünen, manchmal blauen oder roten Lichtschleier verändern ständig lautlos wabernd ihre Form. Die Schleier, Strahlen, Wolken, Wirbel, Draperien und Bögen können stundenlang über den dunklen Winterhimmel tanzen – bis sie ganz plötzlich wieder verschwinden.

Die wohl bekannteste dänische Schriftstellerin berichtet in ihrer 1937 erschienenen Autobiografie über ganz andere Erlebnisse – auf ihrer Kaffeefarm in Afrika. Auf Deutsch hatte das Buch den Titel „Afrika – dunkel lockende Welt". Karen (Tania) Blixens Werk wurde 1985 mit Meryl Streep, Robert Redford und Klaus Maria Brandauer unter dem Titel „Jenseits von Afrika" verfilmt – und ein Welterfolg. Als 1954 die Verleihung des Nobelpreises anstand, gab es das Gerücht, dass Karen Blixen ihn erhalten würde. Ernest Hemingway, dem stattdessen die hohe Ehre zuteil wurde, beeilte sich zu

Linke Seite:
Selbst ziemlich im Süden Norwegens, in Sandefjord auf dem 59. Breitengrad, erscheint die Nachtstimmung im Sommer unwirklich hell. Die Stadt am Skagerrak ist bekannt für ihr interessantes Walfangmuseum.

Links:
Wasservögel beherrschen die Szenerie der Mitternachtssonne im äußersten Westen Europas – wenn man die Westfjorde Islands zu Europa zählen möchte. Streng genommen reicht die europäische Kontinentalplatte nur ungefähr bis zur Mitte des Landes, so dass man hier eigentlich vom äußersten Osten Amerikas sprechen müsste.

Seite 14/15:
Um Mitternacht wird es auch in der norwegischen Stadt Bergen nicht dunkel. Der südlichste Punkt der beliebten Postschiffe „Hurtigruten" ist seit einem Jahrhundert durch die spektakuläre „Bergenbahn" mit der Hauptstadt Oslo verbunden.

erklären, er hätte eigentlich zu ihren Gunsten auf den Preis verzichten müssen. Das freute die Autorin mehr, als wenn sie selbst ausgezeichnet worden wäre.

Verbindlich Skandinavien

Während die Nobelpreise im schwedischen Stockholm verliehen werden, findet die jährliche Vergabe des Friedensnobelpreises traditionell in der norwegischen Hauptstadt Oslo statt. Die beiden Länder befinden sich auf der skandinavischen Halbinsel, während Finnland an der gegenüberliegenden Seite des Bottnischen Meerbusens zusammen mit ihnen als „Fennoskandinavien" bezeichnet wird. Dänemark gehört erdgeschichtlich zum europäischen Festland, geschichtlich und kulturell wird es jedoch eindeutig Skandinavien zugeschrieben.

Verbindungen zwischen den Ländern gab es nicht nur in der Geschichte, jüngere „Bindeglieder" wie die norwegische Erfindung der Büroklammer oder der geniale Einfall eines Schweden, der Reißverschluss, hält zusammen, was zusammen gehört. Eine wesentlich größere Klammer setzt der „Struve-Bogen". Er reicht von Hammerfest beim Nordkap bis zum Schwarzen Meer und verbindet die Länder Norwegen, Schweden, Finnland, Russland, Estland, Lettland, Litauen, Weißrussland, Moldawien und die Ukraine. Im 19. Jahrhundert errichtet, dient er zur genauen Bestimmung der Größe und Form der Erde. 2005 wurde der Struve-Bogen in die UNESCO-Weltkulturerbeliste aufgenommen und stellt hier das erste derart ausgezeichnete „wissenschaftliche Instrument" dar. Außer in zwei Gebäuden befinden sich alle Messpunkte unter freiem Himmel, es sind Obelisken, Steinhügel oder ähnliches.

Kunst auf dem Weg

Nicht ganz so enorme Dimensionen weisen zwei Kunstausstellungen in den skandinavischen Landschaften auf. Der schwedische Kunst- und Skulpturenweg „Sju Älver" ist nur gut 300 Kilometer lang. Unterwegs kann man zwölf teils recht eigenwillige Kunstwerke besichtigen.

In der norwegischen Provinz Nordland stehen über die ganze Küste verteilt 34 Werke von Künstlern aus 17 Ländern.

Linke Seite:
Viel bewundert wird das sogenannte „Butterfass": der wasserspeiende Strokkur lässt seine Wassersäule regelmäßig alle paar Minuten zehn bis zwanzig Meter in die Höhe schießen. Während in der ganzen Welt Wasserspeier dieser Art unter dem isländischen Namen „Geysir" bekannt sind, wird im Land selbst nur der zur Zeit ziemlich zur Ruhe gekommene „Stóri-Geysir" so genannt.

Glasklares Licht erhellt die Szenerie an diesem See im schwedischen Lappland. Die historische Großlandschaft „Lappland" erstreckt sich über Norwegen, Schweden und Finnland bis zur russischen Halbinsel Kola und ist Heimat der Samen.

Mit 40 000 Quadratkilometern ist dies wohl der größte „Ausstellungsraum" weltweit. Die oft monumentalen Skulpturen des dänischen Starkünstlers Olafur Eliasson (mit isländischen Wurzeln) verbinden Licht, Wasser und Eis. Diese Elemente prägten ihn in seiner Heimat, dem „Reich der Mitternachtssonne", auch wenn er heute eher ein Bewohner des „globalen Dorfes" ist. Denn er lebt in Kopenhagen, hat sein Atelier in Berlin und war 2008 mit nur 40 Jahren einer der jüngsten Künstler, dem das Museum of Modern Art in New York eine Einzelausstellung widmete.

Zwischen Eisbergen und Eisbären

Eis ist eines der prägenden Elemente auf der größten Insel der Welt, Grönland. Geografisch gehört sie zum arktischen Nordamerika, politisch jedoch zu den – von den nordischen Ländern aus gesehen – südlich anmutenden Gefilden Dänemarks. Wenn das gesamte Inlandeis Grönlands schmelzen würde, würde der Wasserstand weltweit um sechs bis sieben Meter steigen – die Grönländer würden aber kaum nasse Füße bekommen, weil sich die Insel durch die Gewichtsentlastung gleichzeitig um 600 Meter heben würde.

Das Eis ist ein Überbleibsel der letzten Kaltzeit, die vor etwa 11 500 Jahren endete. In einer Zwischenwarmzeit muss Grönland ein „grünes Land" mit deutlich wärmerem Klima als heute gewesen sein – daher der Name. Im „Kalaallit Nunaat" (Land der Menschen), wie die Inuit die Insel nennen, fühlen sich die Eisbären besonders wohl.

Schwarze Sonne

Die Küstenseeschwalben haben ihre größten Kolonien in der Diskobucht. Sie sind Lebewesen, die von der Mitternachtssonne gar nicht genug bekommen können. Denn wer würde wohl sonst auf die Idee kommen, jedes Jahr um die 40 000 Kilometer zu fliegen, nur um zwei Mal zwei Monate lang ununterbrochen sonnenzubaden? Die zuweilen auch Menschen gegenüber ganz schön angriffslustigen Vögel brüten im Sommer in der nordischen Arktis wie auf Grönland und Spitzbergen und fliegen im Winter in die Antarktis auf der Südhalbkugel. Kein anderer Vogel bewältigt solche Flugstrecken, kein anderes Lebewesen erhält so viel Licht. Denn wenn im Norden winterliche Nacht herrscht, geht im Süden die Sommersonne nicht unter.

Linke Seite:
Der malerische kleine Ort Haldarsvik liegt auf der färöischen Hauptinsel Streymoy, direkt am Sundini. Dieser Sund trennt Streymoy von der Nachbarinsel Eysturoy und lässt die beiden Eilande, wie überhaupt den größten Teil der färöischen Landmasse, bei einem ersten Blick auf die Karte als Einheit und nicht als Inselwelt erscheinen.

Der Schärengarten vor der schwedischen Hauptstadt Stockholm ist wohl eines der größten „Naherholungsgebiete", die eine Großstadt bieten kann. Ein Tagesausflug zwischen den zigtausend Inseln und Inselchen ist genauso beliebt wie ein verlängertes Wochenende in einem der vielen Ferienhäuschen.

Andere Artgenossen pflegen eher die Verdunkelung. Jedes Jahr im Frühjahr und Herbst versammeln sich am Himmel über der Marsch beim dänischen Tønder bis zu eine Million Stare zu einem großen Luftballett. Diese „schwarze Sonne“ ist eine der ornithologischen Sehenswürdigkeiten im (nicht nur) daran reichen Norden Europas. Island und die Färöer eint unter anderem das Vorhandensein einer überaus vielfältigen Vogelwelt. Doch außer der regelmäßigen Fährverbindung von Dänemark über die „Schafsinseln“ zum „Eisland“ gibt es auch Gemeinsamkeiten in den Sprachen und in deren Umgang damit. Beide Länder gehörten früher zu Dänemark; Island hat die Abnabelung schon komplett geschafft, während die Färöer auf dem besten Weg dorthin sind.

Von der Runenschrift zu den modernsten Staaten der Welt

Island und die Färöer pflegen einen strengen Sprach-Purismus und die Vermeidung von Fremdwörtern oder gar Anglizismen. So haben beispielsweise die Isländer die „neumodische“ Bezeichnung Telefon zu einem simplen „Draht“ (sími) gemacht. Und das scheint gar nicht so abwegig, manchmal kann man ja sogar per Telefon einen „Draht“ zueinander bekommen. Die Übersetzung für Internet lautet übrigens: „veraldarvefurinn“, wörtlich Weltverflechtung.

In der Nutzung dieser beiden neuen Kommunikationsmittel sind die Färinger und die Isländer zusammen mit den anderen Nordländern unbestritten Weltmeister. Während die Färinger in ihrer Schriftsprache nur am Buchstaben „ð“, einer Vorgängervariante des englischen „th“, festhalten, haben die Isländer zusätzlich auch noch das „þ“ behalten: einmal stimmhaft und weich, einmal stimmlos und hart – das macht die Aussprache für Unkundige nicht einfacher. Das letztgenannte Sonderzeichen stammt noch aus der Runenschrift und ist mit ausländischen Tastaturen nur über einen Umweg herzustellen.

Weltmeister

Bei einer heute besonders beliebten Art der Nachrichtenübermittlung liegt die Würze in der Kürze. Die Finnen, von Bertolt Brecht als „in zwei Sprachen schweigend“ bezeichnet, haben dem Mobiltelefon die Krone aufgesetzt und SMS erfunden. Entsprechend der Beliebtheit ist das Datenvolumen hier nun viel größer als beim drahtlosen Telefonieren. Die finni-

Linke Seite:
Die nicht nur für ihre Frachtbeförderung beliebten Postschiffe „Hurtigruten“ durchqueren im schmalen Raftsund die Inselgruppe Lofoten, um zur nördlich gelegenen Vesterålen zu gelangen. Beide Inselnamen hören sich im Deutschen wie Mehrzahl an, doch der norwegischen Einzahl wird ein „en“ als Artikel angehängt.

Mit knapp 90 Quadratkilometern kann man den Simojärvi im Süden Lapplands eher zu den „kleineren“ Seen Finnlands zählen. Doppelt nutzbar ist er trotzdem: viele „mökki“ (Ferienhäuser) liegen an seinen Ufern und im Winter finden auf ihm die beliebten Rentierschlittenfahrten statt.

sche Firma, die immer wieder in aller Munde ist – Nokia – hat früher Gummistiefel hergestellt. Das ist wichtig zu wissen, wenn man über eine der außergewöhnlichsten Sportarten sprechen will: Gummistiefel-Weitwurf. Die dazu gehörigen Weltmeisterschaften werden in Finnland ausgetragen.

Isländer pflegen eine ganz andere Weltmeisterschaft auf die Beine zu stellen: Die Islandpferde sind die einzige Pferderasse, für die es eine eigene Weltmeisterschaft gibt. In den unendlichen Weiten des Landes leben sie weitgehend ungestört. Besonders einsam und abgeschieden ist das Naturreservat im nördlichen Teil der Westfjorde. Nachdem die wenigen Höfe aufgegeben wurden, lebt nur noch der Leuchtturmwärter von Latravik das ganze Jahr über hier. Einer von ihnen fand kurz nach seiner Ankunft einen angeschwemmten Gummistiefel und schwor nicht eher fortzugehen, bis der zweite Stiefel auftaucht. Er blieb die Rekordzeit von 15 Jahren auf dem Posten – auf den Stiefel wartet man noch heute.

Mittsommerfest

Auf den lang ersehnten Sommer warten die Nordländer ungeduldig. Allgemein sagt man: Je wärmer das Wetter, desto kürzer die Hosenbeine. Das geht in Lappland schlecht – denn da lauern die Mücken. Zu einem der beliebtesten touristischen Ziele Islands, dem See Mývatn („Mückensee"), gibt es eine gute Nachricht: Die beiden Mückengenerationen eines Jahres schlüpfen im Juni und August, so dass im Juli deutlich weniger Plagegeister unterwegs sind.

Und dann ist er endlich da, der Sommer, und es wird ausgiebig gefeiert. In Schweden gehört zum Mittsommerfest die „maistång", die allerdings nichts mit unserem Maibaum gemein hat. Das Wort „majen" bedeutet bei Zweigen oder Blumen „winden" oder „herumbinden". Ganz anders in Kilpisjärvi im äußersten Nordwesten Finnisch-Lapplands: Hier wird das größte Fest des Jahres traditionell mit einem Skilauf begangen, weil an geschützten Berghängen der Schnee ganzjährig liegen bleibt.

Linke Seite:
Dem Simojärvi (See) östlich der Gemeinde Ranua in Finnisch-Lappland entspringt der Simojoki (Fluss), der in den Bottnischen Meerbusen entwässert. Der fischreiche Binnensee ist ein beliebtes Angelrevier – im Sommer auch noch um die mitternächtliche Stunde.

Links:
Malerisch mündet der Fluss „Ribe Å" im Südwesten Jütlands in die Nordsee. Das recht kurze Gewässer hat seinen Namen vom altdänischen Wort „ripa" für Flussufer, und an eben diesem liegt auch eine der schönsten dänischen Städte: Ribe.

Seite 26/27:
Wer mit der Fähre nach Island reist, kommt an den Ostfjorden an. Es lohnt sich zu verweilen, denn die Abendstimmung wie hier beim Reyðarfjörður ist geheimnisvoll und zauberhaft zugleich.

Seite 28/29:
Eine Stunde vor Mitternacht wird beim Blick aufs Meer bei Hanøy die Szenerie in unwirklich scheinende Farben getaucht. Die norwegische Inselgruppe Lofoten liegt nördlich genug, um dieses Schauspiel viel länger als nur eine Nacht dauern zu lassen.

POLARLYS

Hurtig zum Nordkap – Norwegen

Auf kaum einer Straßenkarte Norwegens findet man die Riksvei (Reichsstraße) Nr. 1, und doch ist sie die wichtigste Verbindung in diesem langen, schmalen Land – die Route der Post- und Versorgungsschiffe „Hurtigruten“. Dieser Seeweg erhielt die Ehrenbezeichnung „Straße“, weil damit auch die Bewohner der abgelegenen Gegenden nahe der russischen Grenze an die Welt angeschlossen sind. Die einst einfachen Dampfer können heute längst mit mondänen Kreuzfahrtschiffen konkurrieren und viele Gäste nutzen diese komfortable Möglichkeit, zum nördlichsten Punkt Europas zu kommen, dem Nordkap.

Doch ist es wirklich der nördlichste Punkt? Auf der Insel Magerøya liegt die Landzunge Knivskjellodden mit ihrer nördlichen Breite von 71° 11’ 08” noch etwas nördlicher. Nach einer längeren Wanderung muss man hier keinen „Eintritt“ zahlen und wird entschädigt mit dem grandiosen Ausblick auf die legendären Felsen des oftmals überlaufenen Nordkaps.

Nördlich des Nordkaps

Der nördlichste Punkt des norwegischen Festlands ist die Landzunge „Nordkinn“ und auch die europäischen Inseln haben noch Nördlicheres zu bieten: das Svalbard-Archipel mit seiner bekannten Hauptinsel Spitzbergen. In diesem unwirtlichen Teil Norwegens gibt es zwischen den Siedlungen nach wie vor keine Straßen und verlassen werden dürfen sie nur bewaffnet – wegen der Eisbären. Von Mitte November bis Ende Januar gibt es noch nicht einmal eine Dämmerung, dafür scheint die Sonne ohne Untergang von Mitte April bis Mitte August.

Bei diesen Extremen halten es doch viele lieber mit Kaiser Wilhelm II., der zeitweise fast jeden Sommer mit seiner Jacht „Hohenzollern II“ in den Fjorden der norwegischen Westküste segelte und damit den deutschen Nordland-Mythos begründete. Denn entlang der Küste und Fjordlandschaft gibt es nicht nur grandiose Natur und schöne Orte, auch das schönste „Örtchen“ der Welt kann man aufsuchen. Tausend Meter über dem

Linke Seite:
Bei Hanøy verlässt das Postschiff den Raftsund und damit Lofoten, um auch Stokmarknes auf Vesterålen mit allem Nötigen zu versorgen. Auf den ersten Blick mögen diese beiden norwegischen Inselgruppen wie „Festland“ aussehen, doch es ist immer wenigstens ein schmaler Sund, der eine Brücken-, Tunnel- oder Fährverbindung nötig macht.

Der südlichste Punkt des norwegischen Festlandes, das Kap Lindesnes, liegt auf der nördlichen Breite von 57° 58’ 43” und ist genau 2518 Kilometer vom Nordkap entfernt. Der erste Leuchtturm des Landes wurde hier bereits im Jahre 1655 gebaut.

Fjærlandsfjord liegt es still und einsam, und der Gang wird mit der schönsten Aussicht weit und breit belohnt.

Geschichte im Zeitraffer

Weit weniger einsam ist man in der Hauptstadt Oslo. Dem isländischen Gelehrten Snorri Sturluson zufolge wurde die Stadt im Jahr 1048 von König Harald III. gegründet, weshalb 1950 ihr 900. Geburtstag gefeiert wurde. Da aber neuere Ausgrabungen christliche Gräber aus der Zeit um das Jahr 1000 zum Vorschein brachten, war im Jahr 2000 bereits das tausendjährige Jubiläum angesagt. Norwegen wurde übrigens erst 1905 selbstständig.

Ebenfalls über Geschichte und zwar die der Philosophie – und das auch noch sehr erfolgreich – berichtet der Roman „Sofies Welt". Jostein Gaarder wollte damit eine philosophische Einführung für ältere Kinder schaffen, aber er begeistert damit ebenso Erwachsene. Erfolgreich durchsetzen konnte sich auch die jüngere der beiden norwegischen Sprachen, Bokmål bzw. Riksmål, die Buch- oder Reichssprache. Abgeleitet vom Dänischen wird sie von der großen Mehrheit der Norweger gesprochen, während das ältere Nynorsk (wörtlich: Neunorwegisch) mehr Gemeinsamkeiten mit Färöisch und Isländisch hat als mit Dänisch oder Schwedisch. Jeder Abiturient wird in den beiden norwegischen Sprachen geprüft.

Von „A" bis „Å"

Die lange Liste der norwegischen Schriftsteller enthält einige Nobelpreisträger. Sie reicht von „A" bis „Å", denn der Kreis auf dem „A" markiert das Ende des Alphabets. Im Kreis gedreht haben sich die Norweger bei ihren Volksabstimmungen zu Beginn des 20. Jahrhunderts. 1916 stimmten sie für das Verbot von Alkohol, 1927 hingegen für die Aufhebung dieses Verbots. Wesentlich konsequenter waren sie 1972 und 1994 bei den Abstimmungen gegen den Beitritt zur EU. Und das können sich die Norweger auch leisten. Das vor der Küste geförderte Erdöl wird exportiert, der Strom aus den Wasserkraftwerken ist so billig, dass es in manchen öffentlichen Gebäuden noch nicht einmal Lichtschalter gibt. Und Hochprozentiges ist viel günstiger zu haben, seitdem das Nachbarland Schweden seine staatlich festgelegten Preise der EU entsprechend nach unten korrigiert hat. Die größten schwedischen Alkoholläden befinden sich mittlerweile in unmittelbarer Grenznähe, so dass der kleine Grenzverkehr zur „Verständigung" der Nachbarn beitragen kann …

Tradition und Moderne

Nach den langen geschichtlichen Verbindungen mit Dänemark und später mit Schweden werden heute Tradition und Moderne gleichfalls hochgehalten, was sich nicht nur beim Königshaus zeigt. Bei der Hochzeit des Kronprinzen Haakon mit Mette-Marit trat die samische Sängerin Mari Boine in ihrer samischen Tracht auf und trug ein bekanntes norwegisches Kirchenlied vor: auf Samisch. Die „Sumpfleute" (Samen) im hohen Norden Norwegens sind damit im 21. Jahrhundert angekommen. Die beinahe in Vergessenheit geratenen berühmten Stabkirchen dagegen begannen ihren Weg in die Weltöffentlichkeit bereits im 19. Jahrhundert.

Linke Seite:
Der beeindruckende Felsen des Nordkaps im hohen Norden Norwegens zieht die Menschen magisch an. Zwischen 16. Mai und 28. Juli scheint hier Tag und Nacht die Sonne – richtig warm wird es dadurch aber nicht, denn die Durchschnittstemperaturen liegen im Juni und Juli bei mageren 9 bis 11 Grad.

Ein gutes Stück nördlich des Polarkreises will die Mitternachtssonne bei Flakstad im Sommer nicht untergehen. Von hier ist es nicht mehr weit bis zu den südwestlichsten Ausläufern der beliebten norwegischen Inselgruppe Lofoten, der Insel Moskenesøy.

Linke Seite:
Besonders charmant zeigt sich die Altstadt von Stavanger mit ihren malerischen Holzhäusern. Die viertgrößte Stadt Norwegens, Verwaltungssitz des Bezirks Rogaland, profitierte durch die Ölfunde vor der Küste und war im Jahr 2008 Kulturhauptstadt Europas.

Wer es noch einsamer möchte als im dünn besiedelten, aber immerhin bewohnten Festland- und Insel-Norwegen, der kann im Leuchtturm „Feistein" übernachten. In der Nähe von Stavanger gelegen, ist der Gast hier alleine mit sich, Sonne, Wind und den Wasservögeln.

Die beiden Türme des Osloer Rathauses beherrschen das Bild des Hafens und sind ein Wahrzeichen der norwegischen Hauptstadt. Während alle Nobelpreise in Schweden überreicht werden, findet die Verleihung des Friedensnobelpreises alljährlich hier statt.

Rechte Seite:
Die ehemalige Festung Akershus in Oslo wurde während der Regierungszeit Christians IV. in ein Renaissanceschloss umgebaut. In der Krypta der Schlosskirche befindet sich die letzte Ruhestätte von König Håkon VII. (1872–1957).

Die norwegischen Fjorde haben oft Kinder und Kindeskinder. So ist der 45 Kilometer lange Sørfjord der längste Seitenarm des Hardangerfjordes. Freundliche Uferlandschaften wechseln sich ab mit wildem Hochgebirge.

Linke Seite:
Wie hier im Løyningsdal im Bezirk Hordaland gibt es unzählige Wasserfälle in Norwegen. Wasserkraft ist deshalb auch die wichtigste Form der Energiegewinnung im Land – denn das vor der Küste geförderte Öl wird exportiert.

Links:
Am Rand des Hordalandes befindet sich das steinige Røldalsfjell. Im Norwegischen bedeutet „Fjell" eigentlich nur „Gebirge", kann aber am treffendsten mit „Bergtundra" übersetzt werden.

Seite 42/43:
Der Hornspass liegt im norwegischen Bezirk Sogn og Fjordane, der an das Hordaland grenzt. Spektakulär und bekannt ist hier der Sognefjord, denn er ist mit 200 Kilometern der längste in ein Land reichende Meeresarm weltweit.

Fjordsightseeing

Linke Seite:
Bryggen wurde früher Tyskebryggen (Deutsche Brücke) genannt. Die Häuser standen für das Beladen und Entladen der Schiffe direkt am Hafenbecken von Bergen in Norwegen.

Die bunt gestrichenen Holzhäuser der Bryggen stehen heute auf der UNESCO-Weltkulturerbeliste. An die Hansezeit erinnert das Hanseatische Museum in Bergen, der Stadt, die als geschichtsträchtigste ganz Norwegens gilt.

Linke Seite:
Die süßesten Kirschen Norwegens werden in Lofthus am Hardangerfjord geerntet. Damit ist es wohl kein Wunder, dass sich Edvard Grieg (1843–1907) gerne hierher zum Komponieren in seine Hütte zurückzog.

Mit dem Zug ist Myrdal erreichbar, denn hier endet die Flåmbahn, eine Zweigstrecke der Bergenbahn. Hohe schneebedeckte Berge, tosende Wasserfälle und grüne Wiesen säumen die wohl spektakulärste Bahnstrecke Norwegens.

Diese Doppelseite:
In der 800 Jahre alten Stabkirche von Lom vereinen sich viele Höhepunkte Norwegens. Umgeben von den höchsten Bergen Skandinaviens birgt sie einen Chorbogen und eine Kanzel (1793) vom Holzschnitzer Jakob Sæterdalen.

Seite 50/51:
Als eine der schönsten Städte Norwegens gilt Ålesund. Inmitten der Fjorde und Schären lohnen die prächtigen Jugendstilhäuser auf jeden Fall einen Besuch. Bekannt ist Ålesund aber auch für seinen Klippfisch, der vor allem nach Portugal exportiert wird.

MAERSK

Linke Seite:
Den Geirangerfjord lässt wohl kaum eine Route der Kreuzfahrtschiffe aus. Atemberaubend ragen die Felswände auf, donnernd rauschen die Wasserfälle in die Tiefe. Bereits seit der Mitte des 19. Jahrhunderts ist der Fjord eines der beliebtesten Touristenziele Norwegens.

Kristiansund, die Stadt auf den drei Inseln, hatte sich Jahrhunderte lang nur in Richtung Meer orientiert. Erst am Ende des 20. Jahrhunderts wurde sie durch eine 300 Millionen Euro teure Brückenkonstruktion mit dem norwegischen Festland verbunden.

Linke Seite:
Die ehemals erste Hauptstadt Norwegens ist heute die drittgrößte Stadt des Landes. Besonders eindrucksvoll ist der Blick morgens oder abends von der Festung Kristiansten auf Trondheim.

Links:
Am alten Hafen der geschichtsträchtigsten Stadt Norwegens, Trondheim, dienten diese Pfahlbauten aus dem 18. und 19. Jahrhundert früher als Lagerhäuser. In den zum größten Teil restaurierten Häusern befinden sich heute mehrere gute Fischrestaurants.

Seite 56/57:
Abendstimmung am Svenningsvatnet: der See liegt bei der kleinen Ortschaft Grane im Bezirk Nordland. Mit fünf Quadratkilometern Wasserfläche ist er einer der vielen kleinen Seen Norwegens.

Im Holandsfjord kommt man der Gletscherzunge des Engabreen ganz nahe; sie ist Teil des zweitgrößten Gletschers Norwegens, des Svartisen. Komfortabel lässt sich die faszinierende Landschaft vom Kreuzfahrtschiff aus betrachten, doch die einsamen Weiten laden auch zu Wanderungen ein.

Rechte Seite:
Selbst kurz vor Mitternacht ist es wie hier bei Grimstad in Nordland noch taghell. Die kleine Ortschaft darf man dabei nicht verwechseln mit der Stadt gleichen Namens im Süden Norwegens, die einst Ibsen und Hamsun beherbergte.

Linke Seite:
Die Fischersiedlung Reine ist der Hauptort auf der norwegischen Lofoten-Insel Moskenesøy. Nicht nur zahlreiche Maler zieht es hierher, auch Bergsteiger mieten sich gerne in einem der gemütlichen Ferienhäuser ein.

Herrlich spiegeln sich hier die norwegischen Lofoten-Gipfel der majestätischen Berge im Selfjord.

Linke Seite:
Schnee liegt bis in das späte Frühjahr auf den Lofoten-Bergen. Dieser Teil Norwegens mit seinen idyllisch anmutenden Fischerdörfern verdankt seinen Wohlstand vor allem dem Fischfang, wobei hier besonders Kabeljau in die Netze geht.

Im Westen der norwegischen Lofoten-Insel Flakstadøy befindet sich der herrliche weiße Sandstrand von Ramberg. Wegen der zuweilen auftretenden Wetterkapriolen wurde hier ein Windschutz errichtet.

Vesterålen ist die Inselgruppe nördlich von Lofoten und steht etwas zu Unrecht im Schatten ihrer berühmten norwegischen Schwester. Auf der nördlichsten Insel Andøya (hier bei Stave) werden Walsafaris angeboten, bei denen man bis zu 20 Meter lange Pottwale zu Gesicht bekommen kann.

Rechte Seite:
Am nördlichsten Ort von Vesterålen, Andenes, scheint im Hafen um 23 Uhr die Sonne unterzugehen, doch das täuscht. Denn durch ihre nördliche Breite von über 69 Grad ist hier der „Polartag" jeden Sommer ein länger dauerndes Schauspiel.

Linke Seite:
Auch morgens um zwei Uhr ist die Welt hier in Ordnung, spiegelglatt liegt das Wasser des Ramfjordes in der Mitternachtssonne. Im nordnorwegischen Bezirk Troms leben nur sehr wenige Menschen in den Küstenregionen.

Tromsø liegt auf einer kleinen Insel und ist durch die markante, 43 Meter hohe gleichnamige Brücke mit dem Festland verbunden. Seit den 60er Jahren symbolisiert die Eismeerkathedrale die dunkle Jahreszeit und das Nordlicht im hohen Norden Norwegens.

Linke Seite:
Im äußersten Nordosten Norwegens auf der Halbinsel Varanger gelegen, scheint der Båtsfjordfjell nur sehr schwer erreichbar zu sein. Doch in Båtsfjord endet eine Straße, hier gibt es einen kleinen Flughafen und das Postschiff Hurtigruten versorgt die Einwohner zuverlässig mit allem Nötigen.

Die Halbinsel Varanger gehört zur norwegischen Provinz Finnmark. Oberhalb der Baumgrenze, im Båtsfjordfjell, scheint sich diese Rentierherde sichtlich wohl zu fühlen. Halb domestiziert, genießen die Rentiere die meiste Zeit des Jahres ihre Freiheit.

Zwischen Sauna und Tango – Finnland

Finnland gilt aufgrund seiner Sprache als Exot unter den nordischen Ländern. Doch eine urfinnische Einrichtung, die „Sauna“, hat in Wort und Tat in viele andere Länder und Sprachen Eingang gefunden. Und eine klassische Musikgattung hat umgekehrt ihren Weg von der Heimat Argentinien über Paris nach Finnland genommen, die man bei den als „kühl“ geltenden Finnen nicht vermuten würde.

Der Musikpavillon auf der Esplanade der finnischen Hauptstadt Helsinki zeugt noch von der glorreichen Vergangenheit, in der dieser Straßenzug die Promeniermeile der feinen Gesellschaft war. Heute ist es die Prachteinkaufsstraße der Stadt und mit seinen vielen Cafés immer gut und gern besucht.

Während in Südamerika die Tango-Tanzpaare in einem kantigen Miteinander voll knisternder Erotik verschmelzen, geht es beim finnischen Tango um unglückliche Liebe, um vorüberziehende Wolken und um den Tod. Jedes Jahr im Juli ist die Stadt Seinäjoki, eigentlich als Zentrum für Butter und Schweineschmalz und damit als „Fettstadt“ bekannt, die Tangometropole Finnlands. Rund 150 000 Menschen tanzen hier Tag und Nacht in den Straßen. Und wenn es regnet? Dann wird der Schirm aufgespannt und weiter getanzt …

Heimat der fünf Sprachen

Die in Deutschland lebende gebürtige Finnin Marjaleena Lembcke, eine Meisterin der leisen Töne, hat dem Tanz mit ihrem Roman „Finnische Tangos“ ein gebührendes Denkmal gesetzt. Seit einigen Jahren übersetzt der Künstler Harri Kaitila finnische Tangoevergreens ins Deutsche, so dass man diese schwierige Sprache nicht lernen muss, um die melancholischen und teils ironischen Texte verstehen zu können.

Doch um welche Landessprache handelt es sich eigentlich? Finnland gilt mit Finnisch und Schwedisch offiziell als zweisprachig. Im hohen Norden, in Lappland, gibt es jedoch eine viersprachige Gemeinde mit fünf Namen: Finnisch: Inari, Schwedisch: Enare, Nordsamisch: Anár, Inarisamisch: Aanaar, Skoltsamisch: Aanar. Drei unterschiedliche samische Sprachen gibt es nur in dieser Gemeinde – Schwedisch wird jedoch hier anders als in manchen anderen Orten Finnlands nicht gesprochen.

Weihnachtsmann & Co.

Das Dorf Inari am gleichnamigen See verkörpert wie kaum ein anderes die wechselvolle Geschichte des Landes. Bis 1751 war es gleich drei Staaten steuerpflichtig: Schweden, Norwegen und Russland. Die längste Landesgrenze Finnlands ist diejenige zu Russland und fast scheint es, dass auch das von dort

Linke Seite:
Die Inselgruppe Åland liegt zwischen Finnland und Schweden in der Ostsee und hat viele Besonderheiten aufzuweisen. Zu Finnland gehörig, ist das Gebiet weitestgehend autonom und einsprachig schwedisch: in den Schulen ist Finnisch nur Wahlfach, Englisch hingegen Pflichtfach.

kommende Wetter kälter ist. Finnland ist nämlich das einzige Land der Welt, dem selbst in milden Wintern sämtliche Häfen zufrieren. Die für das Land so wichtigen Eisbrecher müssen bei ihren Arbeitspausen übrigens nicht ankern: Sie lassen sich zufrieren!

Kein Wunder, dass sich hier der Weihnachtsmann wie zu Hause fühlt. Wenige Kilometer nördlich von Rovaniemi, direkt am Polarkreis, wohnt er und in der Polarnacht schweben große Passagiermaschinen ein und bringen Besucher aus London, New York und Tokio. Wer den weiten Weg scheut, der kann seit einigen Jahren dem finnischen Weihnachtsmann Joulupukki jedes Jahr im Advent in Stuttgart, Leipzig oder Hannover begegnen, in den beliebten „Finnischen Weihnachtsdörfern".

Kalevala aus Karelien

Neben Lappland und der riesigen mittelfinnischen Seenplatte beeindrucken die Besucher die südlich wirkende „Sonnenroute" am Bottnischen Meerbusen sowie das noch immer urtümlich anmutende Karelien im Osten. Hier schlägt das Herz Finnlands. Die Hügellandschaft des Koli gilt trotz ihrer eher geringen Höhe als „heiliger Berg" und das finnische Nationalepos „Kalevala" kommt einer Bibel gleich. Ihm zufolge fertigte der alte Schöpfergott und Zaubersänger Väinämöinen die erste Kantele, ein Musikinstrument, das wie eine Zither auf dem Tisch liegend gespielt wird, aus dem Kiefer eines gigantischen Hechts. Als er sie spielte, kamen alle Tiere des Waldes herbei und lauschten …

Elias Lönnrots „Kalevala" unterstreicht die Bedeutung der Sauna als finnisches Identitätssymbol: Die Helden saunieren vor den entscheidenden Kämpfen und die Frauen haben die Aufgabe, den Männern frische Kleidung zu bringen und Holz nachzulegen. Die Stellung der Frau in der finnischen Gesellschaft hat sich indes sehr geändert: 1906 war es das erste Land der Welt, in dem die Frauen das aktive und passive Wahlrecht erhalten haben.

Das Besucherzentrum des Naturparks Ruunaa liegt in Nordkarelien. Hier können sich nicht nur Wanderer informieren, auch erfahrene Wildwasserfahrer kommen voll auf ihre Kosten: auf einer Strecke von 31 Kilometern passieren sie sechs Stromschnellen.

Weiße Nächte

Modernes Denken hat schon früher im Land Einzug gehalten, ganz besonders in der Hauptstadt Helsinki. Der russische Zar Alexander I. ließ den Berliner Architekten Carl Ludwig Engel nach Finnland kommen und praktisch das gesamte Zentrum der Stadt nach dem Vorbild St. Petersburgs neu planen. Hier beeindruckt aber nicht nur die prachtvolle Architektur, auch die „Weißen Nächte" locken Einheimische aus ihren Häusern – und Besucher aus aller Welt. Zu bestaunen gibt es die außergewöhnliche unterirdische Felsenkirche aus den 1960er-Jahren mit ihrer Glaskuppel, sehenswert ist aber ebenso die „Teppichwaschanlage" am Meeresufer. Hier sind meist Männer damit beschäftigt, auf Holztischen mit Kernseife und Bürsten die traditionellen Flickenteppiche zu schrubben.

Linke Seite:
So schwedisch (-sprachig) kann Åland gar nicht sein, dass es nicht doch über die urfinnische Einrichtung schlechthin verfügen würde, das Saunahaus direkt am Wasser. Wie hier am Sandösund auf der Insel Vårdö gibt es viele Möglichkeiten auf der Inselgruppe, nach dem Schwitzen gleich ins Meer zu springen.

VÄLKOMMEN
till LAPPO
SKÄRGÅRDSMUSEET
restaurang GALEASEN
N 60°19,0 020°59,9

Linke Seite:
Geruhsam fährt es sich mit der Fähre durch den lieblichen finnischen Schärengürtel von Åland im Süden des Bottnischen Meerbusens. Schweden benutzen diese Fähren nicht nur deshalb gern, weil die Fahrkarten zuweilen sogar verschenkt werden – auf den Schiffen ist Hochprozentiges besonders günstig zu haben.

Åland besteht aus mehr als 6500 Inseln, Klippen und Felsen. Nur gut 50 der Eilande sind bewohnt. Und so sieht man bei einer Fahrt durch den Schärengürtel mehr für Finnland ungewöhnliche Bäume wie Eichen, Eschen oder Ulmen als Menschen ...

Rechts:
Nicht nur das milde Klima und die vielen Sonnentage machen Åland zu einem beliebten Ferienziel Finnlands. Der Hauptort Mariehamn auf der Hauptinsel ist nicht nur die einzige Stadt auf dem Archipel, der Ort hat für seine Zahl von 11 000 Einwohnern auch einen imposanten Yachthafen vorzuweisen.

Rechte Seite:
Romantisch ist die Abendstimmung auch am Sandösund zwischen der größeren Insel Vårdö im Süden und dem kleineren Eiland Sandö nördlich davon. Die beiden Inseln liegen östlich des von den Åländern sogenannten „Festlandes", der Hauptinsel zwischen Ostsee und Bottnischem Meerbusen.

Seite 78/79:
Mitten im Schärengarten von Åland, auf dem Inselchen Brändö, scheint dieser Bootsschuppen einsam und verlassen zu sein. Doch von hier kommt man sogar per Straße und Fährverbindung in die westlich gelegene Hauptstadt Mariehamn einerseits und zum finnischen Festland im Osten andererseits.

Die riesige Ostseefähre scheint sich auf ihrem Weg von Stockholm nach Turku förmlich durch den Schärengarten quälen zu müssen. Vorgelagert sind die Inseln und Inselchen, Klippen und Felsen der ältesten Stadt Finnlands – Turku musste ihre Hauptstadtrolle im 19. Jahrhundert an Helsinki abgeben.

Rechte Seite:
Der weltweit größte Schärengarten besteht aus mindestens 20 000 Inseln. Die meisten davon sind nur winzige, unbewohnte und kahle Felsbuckel. Doch in der faszinierenden Inselwelt vor dem finnischen Turku gibt es auch 14 Gemeinden sowie die Stadt Parainen – alles in allem circa 20 000 ständige Einwohner.

Linke Seite:
Nicht nur nachts und festlich angestrahlt ist der Dom von Helsinki ein wahres Prachtstück. Im Auftrag des russischen Zaren von Carl Ludwig Engel entworfen, liegt er am eindrucksvollen Senatsplatz mitten im Zentrum der finnischen Hauptstadt.

Eines der letzten Werke des berühmten finnischen Architekten Alvar Aalto ist zugleich eines seiner bekanntesten: die Finlandia-Halle in Helsinki. In diesem Kongress- und Konzertzentrum fand im Jahr 1973 die erste Konferenz für Sicherheit und Zusammenarbeit in Europa, KSZE, statt.

Allerfrischeste Köstlichkeiten aus Flüssen, Seen und dem Meer werden auf dem Fischmarkt im Hafen von Helsinki angeboten. Die Hauptstadt heißt nicht zu Unrecht „Tochter der Ostsee" und Finnland selbst „Land der tausend Seen".

Rechte Seite:
Am Westhafen von Helsinki entstand das Quartier Ruoholahti mit moderner Architektur. Während das im 19. Jahrhundert zur Zeit des russisches Großfürstentums gebaute heutige Zentrum Helsinkis im klassizistischen Empirestil gebaut wurde, findet man die eigentliche Altstadt aus der Zeit der Gründung um 1550 jedoch im Nordosten der Metropole.

s/y Mermaid

Im Osten von Helsinki, bei Rastila direkt am Finnischen Meerbusen gelegen, kann man nicht nur herrlich baden – es gibt hier auch Zelt- und Wohnwagenplätze sowie Ferienhäuser. Und von hier ist es nur eine gute Viertelstunde mit der Metro bis zu den Sehenswürdigkeiten im Zentrum der finnischen Metropole.

Nordwestlich des Zentrums von Helsinki wird zur Mittsommerzeit ausgiebig gefeiert. Die Insel Seurasaari ist nur durch eine Fußgängerbrücke mit dem Festland verbunden. Das dortige gleichnamige Freilichtmuseum bietet einen Einblick in traditionelle finnische Bau- und Wohnkultur.

Diese Doppelseite:
Finnland als Land der „tausend" Seen zu bezeichnen ist hoffnungslos untertrieben, denn gezählt wurden bereits über 180 000! Wie hier bei Kuopio auf dem See Kallavesi in der Mittelfinnischen Seenplatte ist nicht immer klar: hört hier ein See auf, wozu gehört welche Insel ...

Seite 92/93:
Ein Sommerabend am Puruvesi neigt sich ganz langsam dem Ende zu. Der See liegt im äußersten Osten Finnlands, nahe der russischen Grenze, und nicht weit von der für ihre Opernfestspiele bekannten Stadt Savonlinna.

An einem klaren Sommertag wird es besonders deutlich: der Puruvesi ist einer der Seen mit der besten Trinkwasserqualität. Das betrifft nicht nur den Vergleich mit den vielen anderen finnischen Seen, sondern das gilt weltweit!

Rechte Seite:
Wie hier bei Kerimäki im Südosten Finnlands prägen Birkenwälder vielerorts das Landschaftsbild. Und sie sind sehr wichtig, denn aus ihrem Holz wird die traditionelle Sauna gebaut und ihre Zweige fördern in ebendieser Institution die Durchblutung der Haut mittels leichten Schlagens.

Einem Elch begegnet man in Süd- und Mittelfinnland am ehesten in der Abenddämmerung, denn tagsüber ist Ruhen angesagt. Die bis zu drei Meter langen und bis zu 800 Kilogramm schweren Riesenhirsche mögen plump wirken, aber sie sind gute Schwimmer und Läufer.

Fast wäre er ausgerottet worden, heute steht er unter Naturschutz und es gibt in Finnland nur gut 300 Exemplare: die Rede ist vom Vielfraß, einer, wie der Name schon sagt, gefräßigen Marderart. Bei Lieksa im finnischen Teil Kareliens geriet er vor die Linse des Fotografen.

rukka
MARI

Diese Doppelseite:
Jussi Partanen, finnischer Bootsführer, steuert seine Gäste entspannt mit Pfeife im Mundwinkel und doch in jeder Sekunde aufmerksam über den Lieksajoki. Der Fluss liegt in Nordkarelien unmittelbar an der russischen Grenze.

Seite 100/101:
Ein Gewitter braut sich zusammen. Jetzt wirkt der Patvinsuon-Nationalpark südöstlich von Lieksa in Nordkarelien mit seinen ausgedehnten Moorgebieten und Heideflächen noch urtümlicher; kein Wunder, dass sich hier Raubvögel, Elche und Braunbären wohlfühlen.

Linke Seite:
Der Syöte-Nationalpark im Süden Finnisch-Lapplands ist ein beliebtes Wander- und Skigebiet. Denn diese Gegend rund 150 Kilometer südlich des Polarkreises gilt als sehr schneesicher und im Winter ist es hier länger hell als im Norden.

Seppo Laukkanen, „Lappland-Doktor", lebt am Inarisee. In diesem mit nur zwei Einwohnern pro Quadratkilometer äußerst dünn besiedelten Norden Finnlands haben Arzt und Patienten oft weite Wege bei ihren gegenseitigen Besuchen zurückzulegen.

Linke Seite:
Selbst im äußersten Norden Lapplands werden die finnischen Straßen im Winter geräumt. In diesem Fall handelt es sich um die E 75, die von Kaamanen nach Utsjoki an der norwegischen Grenze führt – solange also kein unerwarteter Neuschnee kommt, ist das Fortkommen gesichert.

Wohl eines der unvergesslichsten Erlebnisse eines Winterurlaubs ist die Fahrt mit dem Rentierschlitten wie hier auf dem See Simojärvi im Süden Finnisch-Lapplands. Diese Hirschart unterscheidet sich sehr deutlich von allen anderen, denn sie lieben die Kälte im hohen Norden – und wer sonst lässt sich so gern domestizieren, wenn er doch die Freiheit gewöhnt ist?

Merry Christmas
and a
Happy New Year

Linke Seite:
Der Weihnachtsmann ist direkt am Polarkreis besonders gut beschäftigt. Im Santa-Claus-Dorf bei der finnischen Hauptstadt Lapplands, Rovaniemi, beantwortet er das ganze Jahr über die Anfragen von Kindern aus aller Welt, doch Hauptsaison ist natürlich in der Polarnacht.

Vergängliche Kunst einer weltweit bekannten Pop-Ikone: Yoko Ono schuf diese Eisskulptur im finnischen Rovaniemi. War sie vorher vor allem einem kunstinteressierten Publikum bekannt, so wurde sie durch ihre Ehe mit John Lennon weltberühmt.

Mit dem heutigen Wissen im Hintergrund erwarten viele Besucher Finnisch-Lapplands mit Ungeduld, das Schauspiel des berühmten Nordlichts zu sehen, wie hier bei Kaamanen. Früher war das anders, da empfanden die Menschen es als göttlichen Fingerzeig, als Furcht einflößend.

Rechte Seite:
Zur mitternächtlichen Stunde ist es gut Fischen auf dem Lokan tekojärvi. Der See liegt 200 Kilometer nördlich des Polarkreises im finnischen Lappland und hat, je nach Wasserstand, eine Ausdehnung von circa 200 bis 400 Quadratkilometern.

Schweden – Pippi Langstrumpf und andere Göttliche

„Pippilotta Viktualia Rollgardina Pfefferminza Efraimstochter Langstrumpf" ist, wenn auch nicht unter ihrem vollen Namen, wohl eine der bekanntesten Schwedinnen weltweit. Astrid Lindgrens Tochter Karin war krank und hatte sich den Namen „Pippi Langstrumpf" ausgedacht. Das Manuskript der Mutter war schließlich ein Geburtstagsgeschenk für die Tochter – und sollte, anfangs vom Verlag als geradezu anarchisch abgelehnt, zu einem Welterfolg werden. Das Archiv der Schriftstellerin in der Königlichen Bibliothek zu Stockholm ist heute Teil des Weltdokumentenerbes.

Eine andere „Göttliche" war Greta Garbo. Legendär war ihre notorische Furcht vor Fremden. So hatte sie einmal eine persönliche Einladung zum Tee mit Königin Elisabeth II. von England, die ihr handschriftlich einen sehr diskreten Rahmen zugesichert hatte, abgelehnt mit der Begründung: sie habe nichts zum Anziehen … Das ist um so erstaunlicher, wenn man bedenkt, dass nicht nur die englische Königin für ihre Hutsammlung bekannt ist. Denn schließlich wurden einige Film-Hüte der Hollywood-Diva aus Schweden der letzte Schrei: wie zum Beispiel ihr glockenförmiger Hut „Cloche" (Film „Eine schamlose Frau"), eine Kappe im Stil einer Kippa (Film „Mata Hari") oder der „pillbox hat" (Film „Der bunte Schleier").

Vom Skandal zum Kult

Ingmar Bergmans Film „Das Schweigen" aus dem Jahr 1963 führte aufgrund einiger – für die damaligen Verhältnisse – ungebührlicher Szenen zu einem der größten Skandale des Jahrzehnts; vielen sollte er zum Kultfilm werden. In diese Fußstapfen tritt ganz aktuell die schwedische Filmemacherin Nathalie Djurberg mit ihren „unverklemmten" Filmen. Die Filmproduktion wurde im 21. Jahrhundert von der Hauptstadt in die Provinz verlegt, das bekannteste Zentrum ist bei Trollhättan, auch „Trollywood" genannt. Hier hat auch die Firma Saab ihren Sitz. Sixten Sason entwarf lange Jahre alle Autos und zusammen mit Victor Hasselblad die legendäre Hasselbladkamera.

Nicht nur als zuweilen kantig, sondern auch als äußerst zuverlässig und sicher, gilt der Volvo. Kein Wunder, schließlich mussten sich die schwedischen Autohersteller schon mit Elchen herumschlagen, lange bevor der „Elchtest" berühmt und berüchtigt wurde. Von der Heimatstadt dieses mobilen Schwedenstahls, Göteborg, heißt es, hier würde man keine Gedichte schreiben, sondern Rechnungen …

Tradition wird in Schweden hochgehalten bei den Holzhäusern wie hier in Marstrand. Oft sind sie auch geschmückt mit der schwedischen Fahne, die ja durch ein bekanntes Möbelhaus auch außerhalb des Landes oft anzutreffen ist.

Linke Seite:
Falunrot sind viele Holzhäuser Schwedens wie dieses in Småland gestrichen. Das ist nicht nur billig, denn die Farbe ist ein Abfallprodukt der Kupfergewinnung; sie ist auch sehr wetterbeständig.

Die „friedlichste" Grenze der Welt

Göteborg ist nicht nur für seine lebendige und vielfältige Kaffeehauskultur bekannt, sondern auch Geburtsort einiger Profigolfer. Das mag erstaunen, denn schließlich ist es von hier bis zum berühmtesten Golfplatz Schwedens im äußersten Nordosten des Landes ganz schön weit. Haparanda bildet zusammen mit dem finnischen Tornio trotz Staatsgrenze eine Doppelstadt. Eine der Attraktionen ist der grenzüberschreitende Golfplatz. Ein Abschlag von schwedischer Seite nach Finnland bleibt – wegen der Zeitzonengrenze – immerhin eine ganze Stunde in der Luft!

Unterschiedliche Währungen in den beiden Landern, ebenso unterschiedliche Spurbreiten der Eisenbahn – kein Hindernis scheint zu groß, um nicht aus dem Weg geräumt zu werden. Seit dem Jahr 2000 hat Schweden an einer ganz anderen Stelle eine Zeitverzögerung überwunden und damit den Weg auf den Kontinent gefunden. Auf der Öresundbrücke kommt man nun in kurzer Zeit mit dem Auto oder der Bahn von Malmö nach Kopenhagen in Dänemark. Das kolossale Bauwerk stört allerdings die Fluglinien einiger Vogelarten. Als „Ausgleich" wurden auf schwedischer Seite in den zweihundert Meter hohen Pfeilern Nistkästen für Wanderfalken angebracht.

Sport in allen Varianten

Das Anbringen der Kästen erforderte wohl ein ähnliches sportliches Können, wie es die Singschwäne bei ihren Tänzen am Tysslingen See oder die tanzenden Kraniche am Hornborgasee an den Tag legen. Literarisch verewigt wurde die schwedische Vogelwelt mit Selma Lagerlöfs „Die wunderbare Reise des kleinen Nils Holgersson mit den Wildgänsen". Für ihr Werk erhielt die Schriftstellerin 1909, als erste Frau, den Nobelpreis für Literatur.

Auch den schwedischen Königen wird eine gewisse Sportlichkeit zugeschrieben. Im Mittelalter hätten sich die Reisekönige bei dem häufigen Wechsel der Regenten die Klinke in die Hand geben können – wenn sie nicht „wohnsitzlos", das heißt ohne festen Regierungssitz, gewesen wären. Nach ihnen wurde der bekannteste Fernwander- und Skitourenweg Skandinaviens benannt: Kungsleden, das heißt „Königspfad". Die grandiose Landschaft Nordschwedens kann man kaum besser kennen lernen! Man begegnet Samen und ihren Rentieren und vielleicht sieht man aus der Ferne sogar Bär, Wolf oder Luchs. Auch der mit 90 Kilometern längste Skilanglauf der Welt, der Wasalauf, geht auf einen König zurück. Gustav Wasa wurde nach der Befreiung Schwedens von Dänemark zum König gewählt.

Linke Seite:
Ein schöner Blick bietet sich vom Rathausturm auf „Gamla Stan", die gepflegte Altstadt von Schwedens Hauptstadt Stockholm. Das Wort „Gamla" (alt) hat auch im Deutschen Einzug gehalten, hier als „gammelig" allerdings mit einem anrüchigen Beigeschmack.

Die größte Insel der Ostsee, Gotland, ist zugleich die wärmste Region Schwedens. Windmühlen sind zwar eher Wahrzeichen der benachbarten Insel Öland, aber auch Gotland kann mit einem solchen Schmuckstück aufwarten.

Im See von Fatmomakke werden diese Fischer sicher einen guten Fang machen. Der lappländische Ort ist eine alte Kirchstadt der schwedischen Samen und bekannt für seine vielen zeltähnlichen Hütten.

Rechte Seite:
Bei Jukkasjärvi gibt sich das sagenhafte Nordlicht ein Stelldichein. Die kleine Samensiedlung unweit der lappländischen Stadt Kiruna ist bekannt für einen der schönsten Wildmarkflüsse Schwedens, den Torne Älv.

Diese Doppelseite:
Jedes Jahr im Oktober entsteht das schwedische Eishotel in Jukkasjärvi neu. Über 40 Künstler gestalten jedes Zimmer einzeln – eine vergängliche Kunst, denn im Mai schmilzt das Hotel in sich zusammen. Bei konstant minus fünf Grad muss man zum Whiskey gar nicht unbedingt Eiswürfel bestellen ...

Seite 118/119:
Eine einsam gelegene Insel in einem der zahlreichen Seen: wie hier am Hetögelnsee bei der Ortschaft Gäddede kann man im äußerst dünn besiedelten mittelschwedischen Jämtland oft mit sich alleine sein. Besucherströme, so es sie denn gibt, konzentrieren sich auf die berühmte Wintersportregion rund um Åre.

Linke Seite:
Das lebendige Bergdorf Handöl im schwedischen Jämtland ist seit dem 16. Jahrhundert für den Abbau von Speckstein bekannt. Aus diesem wärmespeicherfähigen Material werden Herde, Öfen und Töpfe hergestellt.

Beeindruckende 43 Meter stürzt das Wasser des Hällingsåfallet in die Tiefe. Der Wasserfall im schwedischen Jämtland liegt in einem 800 Meter langen, wassergefüllten Canyon.

Zur mitternächtlichen Stunde liegt der Siljansee in der mittelschwedischen Provinz Dalarna still und ruhig da. Zarte Töne von gelb über rosa bis zu violett stehen in reizvollem Kontrast zu den scherenschnittartigen Konturen der Aussichtsterrasse und der Bäume.

Linke Seite:
Früher war der Kirchgang in Schweden obligatorisch, und als noch keine Straßen rings um den Siljansee führten, war das Kirchboot Transportmittel erster Wahl. Heute wird diese Tradition vor allem zur Zeit des Mittsommerfestes fortgeführt wie hier in Mora, dem Ziel des legendären Wasalaufs.

Der Siljansee gilt als Oase für Ruhe suchende Urlauber. Dieser Wunsch wird das ganze Jahr über erfüllt – außer während des Mittsommerfestes. Dann spielen die Musikanten auf, wie hier in Leksand.

Linke Seite:
Im Fjäll-Dalarna, der südlichsten Wildnis Schwedens, beeindruckt der Njupeskärsfallet.
Mit 93 Metern, davon 70 im freien Fall, ist er der höchste Wasserfall des Landes.

Nicht nur im Winter zeigt die Orsa-Finnmark mitten in Schweden still ihre Schönheit, wie hier südlich des Dorfes Tandsjöborg. Auch heute noch fast menschenleer, wurden einst im 17. Jahrhundert in der Waldeinöde zwischen Mora und Orsa Finnen angesiedelt.

Geruhsam geht es auch im Sommer auf dem Hjälmarkanal zu, wie hier bei der Vallbyschleuse. Das muss es auch, denn auf nur knapp 14 Kilometern gibt es immerhin neun Schleusen. Der Kanal verbindet den Hjälmarsee mit der schwedischen Stadt Arboga, nordöstlich von Örebro.

Rechte Seite:
Vielleicht der wichtigste Garten weltweit, der Botanische Garten im schwedischen Uppsala. Denn angelegt, gehegt und gepflegt wurde er einst von Carl von Linné, der ein System in die Biologie brachte, das heute noch Gültigkeit hat.

Markant erhebt sich der Turm der Riddarholmskirche über Gamla Stan, die Stockholmer Altstadt. Das Gotteshaus ist Grablege der schwedischen Könige. Sehenswert sind im Inneren mehrere Grabkapellen wie die des Hauses Bernadotte.

Rechte Seite:
Die Stockholmer Altstadt-Insel Riddarholmen heißt übersetzt „Ritterinsel". Hier findet man viele sehenswerte ehemalige Adelspaläste, die heute als Regierungsgebäude Schwedens dienen.

Coca-Cola
STOMATOL
SCANDIC
Verbum
RIDDARHOLMEN

Rechts:
Die Storkyrka, die Große Kirche, ist auch die älteste Stockholms. Sie erhebt sich nur wenige Meter entfernt vom Schloss und ist Hochzeits- und Krönungskirche der schwedischen Monarchen.

Rechte Seite:
Der nicht besonders große Stortorget war einst der Hauptplatz Stockholms. Im Mittelpunkt der Insel Stadsholmen wird er geprägt von schmalen Bürgerhäusern mit dennoch stattlichen Renaissancefassaden.

Seite 134/135:
Stockholms Lage ist nicht nur einzigartig, weil die Altstadt auf Inseln liegt – berühmt ist auch der Schärengarten. Auf den rund 24 000 Inseln haben sich die Stockholmer seit der Mitte des 19. Jahrhunderts rund doppelt so viele Sommerhäuschen gebaut – Urlaub pur vor der Haustür!

Stortorgskällaren
Restaurang Bar Pub LA CANTINA

Westlich von Stockholm befindet sich auf einer Insel mitten im Mälarsee eines der berühmtesten Schlösser Schwedens: Gripsholm. Schwedische Könige wohnten hier, doch bekannt wurde es vor allem durch Kurt Tucholskys Sommergeschichte.

Rechte Seite:
Die Stadt Motala liegt am Götakanal, der den großen Vättersee mit dem winzigen Borensee verbindet. Erwähnt wurde dieser Ort in Südschweden bereits im 14. Jahrhundert als Thingplatz.

GÖTA KANALBOLAG

Nordwestlich von Göteborg liegt die kleine autofreie Insel Marstrand inmitten einer zauberhaften Schärenlandschaft. Diese Bohuslän genannte Landschaft ist ein Traum für alle, die gerne am Wasser Urlaub machen.

Göteborg gilt als die Stadt, in der keine Gedichte sondern Rechnungen geschrieben werden. Entsprechend imposant erheben sich auch die modernen und modernsten Bürogebäude in dieser Metropole im Westen Schwedens. Zum Wahrzeichen wurde das Hochhaus „Utkiken" (rechts im Bild) am Hafen.

Rechte Seite:
In Göteborg, der zweitgrößten Stadt Schwedens (mit dem größten Hafen des Landes), wurde 1994 die neue Oper eröffnet. Der Architekt Jan Izkowitz ließ sich bei dem Entwurf vom Meer und der umliegenden Landschaft inspirieren.

GÖTEBORGSOPERAN

Das Schloss Gunnebo südöstlich von Göteborg ist vor allem wegen seines wunderschönen englischen Parks sehr beliebt. Zum Mittsommerfest wird hier eine „maistång“ (nicht zu verwechseln mit unserem „Maibaum“) errichtet und Mädchen schmücken ihr Haar mit selbst geflochtenen Blumenkränzen.

Linke Seite:
Ob sich wohl gerade in diesem farbenprächtigen Garten „Bullerbü“ versteckt? Astrid Lindgren hatte damit ebenso wie mit „Michel aus Lönneberg“ großen Erfolg – weltweit am bekanntesten ist jedoch „Pippi Langstrumpf“.

Üppigst grünt und blüht es in vielen schwedischen Gärten. Nach den selbst im Süden des Landes langen Wintern sehnen sich die Menschen nach dem Sommer und holen die ganze Farbenpracht vor das Fenster und vor die Haustür.

GORTHON LINES

Linke Seite:
Die Altstadt Helsingborgs zählt zu den schönsten ganz Schwedens. Die Stadt liegt gegenüber der dänischen Stadt Helsingør an der schmalsten Stelle des Öresundes, in der historisch bedeutenden Provinz Schonen.

Links:
Der dreitürmige Dom von Visby auf der schwedischen Insel Gotland war einst das Gotteshaus der deutschen Kaufleute. Die Inselhauptstadt ist für viele Kirchenruinen bekannt und beliebt ist das Meer blühender Rosen im Sommer.

Seite 148/149:
Mit der Öresundbrücke gibt es seit dem Jahr 2000 eine „Landverbindung" zwischen Schweden und Dänemark. Auf schwedischer Seite wirklich eine Brücke, befinden sich Straße und Bahngleise auf der Hälfte der Strecke ebenerdig auf einer künstlich aufgeschütteten Insel. Der Rest wird wegen des nahen Flughafens von Kopenhagen aus Sicherheitsgründen in einem Tunnel zurückgelegt.

Kleines Dänemark – ganz groß

Auf den ersten Blick scheint Dänemark das kleinste der skandinavischen Länder zu sein. Im Osten reicht es gerade mal bis zu den Erbseninseln bei Bornholm, doch im fernen Westen zählt die größte Insel der Welt, Grönland, staatsrechtlich zu Dänemark, geografisch jedoch bereits zu Amerika. Und auch die Färöer zwischen Norwegen und Island gehören politisch zu Dänemark. Allerdings haben beide Inselstaaten eine weitgehende Autonomie, so dass die Abgrenzung einerseits schwierig und andererseits gewünscht ist – je nach Sichtweise.

Dann ist also Dänemark doch das „hyggeligste" der nordischen Länder – wobei dieses Wort nicht hügelig, sondern gemütlich, malerisch oder nett bedeutet. Damit dürfte Dänisch wohl eine der wenigen Sprachen sein, in der es eine Übersetzung für das urdeutsche Wort „gemütlich" gibt. Das Land sieht sich gern als Inselstaat, wobei die vielen Brücken mittlerweile beinahe alle Inseln zu einem „Festland" verbunden haben. Die Öresundbrücke nach Schweden macht es nun sogar möglich, von Südeuropa ohne Benutzung einer Fähre bis zum Nordkap zu gelangen!

Sein oder Nichtsein

Im Mittelalter hatte Königin Margarethe I. Dänemark, Norwegen, Island, Schweden und Finnland in der Kalmarer Union unter dänischer Vorherrschaft vereint. Diese geschichtlichen Verbindungen lassen das Land heute noch zu Skandinavien gehören, obwohl es geografisch Festland-Europa zugerechnet werden muss. Dieses „Sein oder Nichtsein" wurde bekanntlich bereits von Shakespeare thematisiert. Er lässt seinen von Zweifeln geplagten Hamlet durch die Hallen von Schloss Kronborg in Helsingør irren und hier den bedeutungsschweren Satz „to be or not to be" sprechen.

Ein anderes geflügeltes Wort stammt aus dem gleichen Stück: „Es ist etwas faul im Staate Dänemark." Das kann heute nicht mehr sein, denn die jetzige Königin, Margarethe II., ist nicht nur Regentin der ältesten regierenden Dynastie der Welt, sie ist auch beim Volk sehr beliebt. Neben ihren vielfältigen repräsentativen Aufgaben tritt sie als Künstlerin hervor. So illustrierte sie unter dem Pseudonym Ingahild Grathmer die dänische Ausgabe von Tolkiens „Herr der Ringe".

Linke Seite:
Das bekannteste und wohl am häufigsten fotografierte Wahrzeichen Kopenhagens, wenn nicht ganz Dänemarks, sitzt auf einem Felsen und ist gar nicht so groß, wie man vielleicht denken möchte. Der Künstler Edvard Eriksens (1876–1959) schuf die „Kleine Meerjungfrau" in Erinnerung an Hans Christian Andersens gleichnamiges Märchen.

Frühaufsteher werden bei einem der beliebtesten Reiseziele Dänemarks besonders belohnt. Denn die ersten Sonnenstrahlen tauchen die Spitzen der Kreideklippen „Møns Klint" auf der Insel Seeland in warme Rot-Töne, bis sie schließlich in einem blendend grellen Weiß erstrahlen.

Kunst ohne Kitsch

1788 hatte einer ihrer Vorgänger, Kronprinz Frederik, die Königliche Porzellanmanufaktur beauftragt, ein Tafelservice von 2600 Teilen als Geschenk für Zarin Katharina II. herzustellen. „Flora Danica", auf dem die gesamte dänische Pflanzenwelt dargestellt ist, wurde 1803 fertig gestellt. Da die Zarin aber bereits 1796 verstorben war, behielt der nunmehrige König Frederik IV. das Service

an seinem Hof – und legte damit den Grundstein für das, was heute weltweit als erstklassiges dänisches Design bekannt ist. Schnörkellos, die Form folgt der Funktion – das sind die Merkmale.

Eine ähnliche Erfolgsgeschichte können die berühmtesten Bausteine der Welt vorweisen. Seit 1968 ist Legoland im dänischen Billund in Betrieb. Eine der aktuellsten Neuheiten des Konzerns ist ein „Roboter-Erfinder-System": Mit ihm erfanden Kinder in einem Test einen lichtempfindlichen Einbrecheralarm, der über der Tür (vorzugsweise des Kinderzimmers) platziert wird und ungebetene Gäste mit Tischtennisbällen überschüttet.

Hafen der Kaufleute

Nicht nur bei Wohnungseinrichtungen ist dänisches Design führend, selbst eine Tankstelle von Arne Jacobsen brachte es zu Ruhm und Ehren. Sie mag futuristisch anmuten und liegt unweit von Kopenhagen. Hier kann man sich sagen: Design ist, wenn man trotzdem tankt. Die dänische Hauptstadt selbst bietet natürlich auch sehr viele Sehenswürdigkeiten, nicht nur mit ihren Schlössern. Tivoli ist der berühmteste Freizeitpark und der älteste überhaupt befindet sich ebenfalls in der Stadt, Dyrehavsbakken. Hier wird nicht nur Vergnügen angeboten, hier wird auch Geld verdient.

Und damit macht Kopenhagen seinem Namen alle Ehre, denn übersetzt bedeutet er „Hafen der Kaufleute". Hier schuf einer der berühmtesten Märchenerzähler der Welt, Hans Christian Andersen, seine bekanntesten Werke wie „Die Prinzessin auf der Erbse" oder „Des Kaisers neue Kleider". Ihm wurde mit der „Kleinen Meerjungfrau" ein Denkmal gesetzt, an dem kaum ein Besucher vorbei geht ohne anzuhalten.

Der nur unwesentlich jüngere Søren Kierkegaard hingegen war Philosoph und engagierter Verfechter der Idee des Christentums gegen die Realität der Christenheit. Nach seiner Theorie können die beiden ersten Stadien der menschlichen Existenz, das Ästhetische und das Ethische Stadium, jeweils nur mit ironischer Distanz zu sich selbst überwunden werden, um zum dritten Stadium, der Religiosität, zu gelangen. Und ein bisschen Ironie der Geschichte wäre es wohl, wenn, wie von manchen Politikern geplant, die 1971 gegründete „Freistadt Christiania" aufgelöst werden sollte: Denn sie ist nicht nur ein alternativer Lebensentwurf, sondern auch ein Tourismusmagnet der dänischen Hauptstadt …

Linke Seite:
Die heutige Kleinstadt Mariager auf der dänischen Insel Seeland heißt im Deutschen „Marias Acker" und entstand im 15. Jahrhundert um ein Birgittenkloster. Heute schlägt in dieser Idylle aus Kopfsteinpflaster und stockrosenumrankten Fachwerkhäusern des 18. Jahrhunderts wohl das Herz jedes Romantikers höher.

Der Krämerladen in „Den Gamle By" („Die alte Stadt") zählt zu den beliebten Zielen in der jütländischen Hauptstadt Århus. Das ganze Stadtviertel mit seinen stimmungsvollen Straßen und Höfen, seinen romantischen Gärten, Gaststuben und Geschäften gilt als das größte Freilichtmuseum für Stadtkultur in Europa.

Linke Seite:
Abends verwandeln über 100 000 Glühbirnen den Tivoli in Kopenhagen in einen Lichtertraum. Er ist einer der ältesten Freizeitparks der Welt und zieht auf seinen gut 80 000 Quadratmetern jährlich mehr als vier Millionen Besucher in seinen Bann.

Was braucht ein Fischerdorf, wenn es Metropole werden möchte? Nicht zuletzt eine Börse (1640) – und damit ist Kopenhagen nicht nur kulturelles sondern auch wirtschaftliches Zentrum Dänemarks.

Das Kongelige Teater, das Königliche Theater, ist Heimstatt hehrer Sprachkunst und illustrer Ballettinszenierungen. Es befindet sich zusammen mit einer der berühmtesten Nobelherbergen Europas, dem Hôtel d'Angleterre, am größten Platz Kopenhagens, dem Königlichen Neuen Markt.

Rechte Seite:
Das Kopenhagener Rathaus entstand um die vorletzte Jahrhundertwende und erinnert in seiner Architektur an italienische Renaissance ebenso wie an das Mittelalter in Dänemark. In der großen Festhalle erinnern Büsten an den Bildhauer Bertel Thorvaldsen oder an den Märchendichter Hans Christian Andersen.

PALACE
HOTEL

Das barocke Prachtschloss Christiansborg in Kopenhagen beherbergt heute das Außenministerium und den Obersten Gerichtshof Dänemarks. Die königlichen Audienzräume können im Rahmen von Führungen besichtigt werden.

Rechte Seite:
Wer die Pflanzenwelt Dänemarks, der Färöer und Grönlands studieren möchte, muss gar nicht alle mehr oder weniger zu Dänemark zählenden Eilande aufsuchen. Auf der dänischen Insel Seeland befindet sich westlich vom Kopenhagener Schloss Rosenborg der Botanische Garten, der all diese Schätze zeigt und hütet.

Diese Doppelseite:
Auf drei Inseln erstreckt sich das Schloss Frederiksborg nahe der seeländischen Kleinstadt Hillerød. Hier fanden einst die Krönungszeremonien statt und hier wurde auch der Elefantenorden neu geregelt. Neben der beeindruckenden Schlosskirche ist vor allem das Nationalhistorische Museum Dänemarks einen Besuch wert.

Seite 162/163:
„Sein oder Nicht Sein" – diese Worte Shakespeares verhalfen der seeländischen Stadt Helsingør zu Weltruhm. Doch nicht nur die Festung Kronberg wird gerne besucht, auch die malerische Altstadt und das Louisiana-Museum mit seinen wahren Schätzen moderner Kunst sind weithin bekannt.

Wahrzeichen der Stadt Kalundborg auf der Insel Seeland ist die fünftürmige Liebfrauenkirche, die vermutlich von einem lombardischen Baumeister erstellt wurde. Für Dänemark einzigartig ist ihr Grundriss, ein griechisches Kreuz mit vier gleich langen Armen.

Rechte Seite:
Die 1357 erbaute Kirche von Højerup beim seeländischen Kreidefelsen Stevns Klint bewegt sich laut Legende in jeder Neujahrsnacht um einen Hahnenschritt weiter landeinwärts. Im Jahr 1928 verlor sie ihren Chor, als ein Teil des Steilufers ins Meer stürzte.

Bei den idyllischen und romantisch stimmenden Naturschauspielen wie hier bei Teglkås ist es wohl kein Wunder, dass Bornholm als Mekka der Künstler aus aller Welt gilt. Der Ort liegt im Norden der Westküste an der Küstenstraße, die die meisten der 140 Kilometer auch wirklich genau am Meer entlang führt.

Rechte Seite:

Besonders über Jons Kapel scheint die Legende berichten zu wollen, die von der Entstehung der dänischen Insel Bornholm erzählt: als Gott Skandinavien erschaffen hatte, war ihm von allen schönen Dingen noch etwas übrig geblieben. Diese sammelte er und warf sie in die Ostsee ...

Lange sind die Zeiten vorbei, als auf dem Marktplatz der südjütländischen Stadt Tønder noch die Prügelstrafe öffentlich vollstreckt wurde. Heute ist das Städtchen nahe der deutschen Grenze auch ein Einkaufsparadies für alle, die dänisches Design lieben.

Rechte Seite:
Kleine Sträßchen wie dieses in Tønder wirken anheimelnd auf Einheimische wie auf Besucher. Die Stadt ist nicht nur als Hochburg für Klöppelspitzen bekannt, hier wird seit 1994 auch ein stimmungsvoller Weihnachtsmarkt veranstaltet, der erste seiner Art in Dänemark überhaupt.

Ö. Steen
aut. klinisk
tandtekniker

Linke Seite:
Der romanische Dom von Ribe mit seinen ungleichen Türmen ist das einzige fünfschiffige Gotteshaus Dänemarks. Von der Plattform des „Bürgerturms" hat man die beste Aussicht über die Dächer der Stadt bis hin zur Marsch.

Über hundert Häuser im jütländischen Ribe stehen unter Denkmalschutz. Bereits seit der Gründung der Stadt um das Jahr 700 kommen viele Besucher hierher – früher, um Geschäfte mit den Wikingern zu machen, heute, um das hervorragend bewahrte historische Erbe zu erleben.

Linke Seite:
Nördlich von Sylt schließt sich die dänische Insel Rømø an. Hier bilden alte Bauernhäuser einen reizvollen Kontrast zu den traumhaften Stränden, die so breit sind, dass man sie sogar mit dem Auto befahren kann.

Links:
Der Wind hat auf der Insel Rømø das erste und das letzte Wort. Und so fühlen sich hier nicht nur die Windsurfer wohl, ein Riesenspaß für Jung und Alt ist auch das internationale Drachenfestival Anfang September, bei dem sich der Himmel mit bunten Fantasievögeln schmückt.

Seite 174/175:
Traumhafte Sonnenuntergänge wie hier auf der Nordseeinsel Rømø verheißen einen wunderschönen neuen Tag. Obwohl Dänemark im Allgemeinen und die Insel im Besonderen „tief" im Süden Skandinaviens liegen, scheint hier das Sonnenlicht doch besonders magisch zu sein.

„Den Gamle By", die Altstadt der größten jütländischen Stadt Århus, wirkt mit ihren Fachwerkhäusern und den liebevoll gepflegten Gärten besonders malerisch. Gaststuben laden ebenso wie Geschäfte zum Verweilen ein.

Rechte Seite:
Der neoromanische Dom von Viborg wurde in der zweiten Hälfte des 19. Jahrhunderts nach dem Vorbild der Kathedrale aus dem 12. Jahrhundert erbaut. In der Krypta ruht in einem lederbezogenen Sarg der Goldmacher Valdemar Daa, der durch Hans Christian Andersen zu literarischen Ehren kam.

Die jütländische Stadt Aalborg hat die dänische Rechtschreibreform in den 1950er Jahren vehement verschmäht und darf sich nach wie vor mit „Aa“ statt mit „Å“ schreiben. Etwas besonderes stellt der gotische Dom aus der Zeit um 1430 dar; die Sankt-Budolfi-Kirche wurde nach dem englischen Schutzpatron der Seefahrt, St. Botolphus, benannt. Wahrzeichen der Stadt ist die um 1780 entstandene barocke Turmspitze. Von hier ertönt zu jeder vollen Stunde das Spiel der 48 Glocken.

Linke Seite:
Die riesige Treibsanddüne Rubjerg Knude in Nordjütland hat ganze Arbeit geleistet. Während vom eingesandeten Leuchtturm wenigstens noch die Spitze aus den Sandmassen ragt, ist das Nebengebäude mit seinem Flugsand-Museum bereits komplett verschüttet.

Wie hier an der Nordseeküste Jütlands zeugen die Fischerboote vom harten Leben auf rauer See. Beim Hochseeangeln werden unter anderem Dorsch, Köhler, Makrele, Seewolf oder Knurrhahn gefangen.

Linke Seite:
Südlich von Skagen erstreckt sich von Meer zu Meer die Råbjerg Mile, eine zwei Kilometer lange und 35 Meter hohe Wanderdüne. Sie rückt jährlich bis zu zehn Meter nach Osten vor und begräbt jegliche Vegetation unter ihren gewaltigen Sandmassen.

Die Berge von Mols, auf einer Halbinsel gegenüber von Århus gelegen, gehören zu den anerkannten Naturschutzgebieten Dänemarks. Wie auch die südlich gelegene hügelige Moränenlandschaft Helgenæs verdanken sie ihre Entstehung der letzten Eiszeit.

Nicht nur Schafsinseln – Färöer

Laut dem „Schafsbrief" von 1298 bieten die Färöer von jeher nur Weideplatz für 70 000 Schafe. Früher reichte das Fleisch für die Färinger, doch durch die Verzehnfachung der Bevölkerung in den letzten 200 Jahren muss nun Schaffleisch eingeführt werden. Wirtschaftlich wichtiger ist aber längst die Fischerei, so dass der Ländername „Føroyar" (wörtlich übersetzt: Schafsinseln) womöglich irgendwann angepasst werden sollte …

Die Färöer sind im Gegensatz zu ihrem „Mutterland" Dänemark nicht der EU beigetreten, da die Verträge ihre Fischereirechte eingeschränkt und sie dadurch in ihrer ökonomischen Existenz bedroht hätten. Früher hatten die Fischer eine unscheinbare Holzkiste mit einer kleinen Öffnung im Deckel von größtem Wert: den „Lippenkasten". Hier sammelte jeder Fischer die Zungen der von ihm erbeuteten Fische, die am Ende der Arbeitswoche gezählt wurden – davon war die Höhe des Lohnes abhängig.

Auf Platz Eins

Manche Besucher mögen die Färöer nur daher kennen, weil die Schiffsverbindung von Dänemark nach Island sie zu einem zweitägigen Zwischenstopp „zwingt" – die Fähre fährt von den Färöern ins norwegische Bergen zur Aufnahme weiterer Passagiere, kehrt zurück und fährt erst dann nach Island. Das dürfte sich ändern, denn 2007 ergab eine ernstzunehmende Untersuchung, dass die Färöer in der Kategorie „Inseln" auf Platz 1 der „besten Reiseziele der Welt" gelandet sind – noch vor den Azoren und Lofoten. Das mag erstaunen, denn auf diesen Inseln regnet es häufig, was viele Besucher normalerweise abschreckt. Doch genau deshalb konnten die Färöer ihre kulturellen Eigenheiten besser bewahren und wurden gewählt. Im gleichen Jahr wurde noch ein anderer Spitzenwert erreicht: Die Färöer hatten noch vor Island die geringste Arbeitslosigkeit in ganz Europa, was praktisch einer Vollbeschäftigung gleichkommt.

Landeskunde unter der Lupe

Vollauf beschäftigen kann man sich mit dem Sammeln der färöischen Briefmarken, die es erst seit 1976 gibt. Wie kaum anderswo erfährt man hier (fast) alles über das Land. Historisches Kinderspielzeug aus der Wikingerzeit wie ein Pferd (1957 in Kvívík gefunden) oder ein geschnitztes Holzboot (Ausgrabungen 1955 in Kirkjubøur) war ebenso schon abgebildet wie Spezialitäten der färöischen Küche: Grindwalfleisch, Klippfisch, Dorschköpfe, Rhabarber oder gefüllte Papageientaucher.

Linke Seite:
Senkrecht aufragende Felswände und geheimnisvolle Meeresgrotten prägen das Bild der Küste bei Vestmanna auf der färöischen Hauptinsel Streymoy. Beliebt sind die Ausflugsfahrten mit kleinen Schiffen, bei denen man auch die bunt bevölkerten Vogelklippen bewundern kann.

Die Färinger feiern gern, nicht nur am Nationalfeiertag (28./29. Juli). Diese Momentaufnahme entstand beim St. Olavsfest im Hafen der färöischen Hauptstadt Tórshavn auf der Insel Streymoy.

Die färöische Vogelwelt zählt zu den bemerkenswertesten überhaupt und so kommen viele Gäste vor allem deshalb auf den abgelegenen Archipel im Nordatlantik. 68 verschiedene Vogelarten brüten regelmäßig hier, darunter die oben erwähnten Papageientaucher, Küstenseeschwalben, Basstölpel, Raubmöwen, Eiderenten und Bekassinen. Einige Arten sind eher seltene Gäste wie das Steppenhuhn, die Schneeeule oder der Fichtenkreuzschnabel. Sehr viele dieser (nicht immer nur possierlichen) Tiere sind bereits auf färöischen Briefmarken verewigt worden, die umfangreichen Beschreibungstexte dazu kann man von färöischen Internetseiten herunterladen.

Ein kleines Land ganz groß

Der erste bekannte Brief von den Föröern stammt aus dem Jahr 1852 und wurde 2003 für stolze 27 000 Euro versteigert. Dass dieser Betrag angemessen war, erklärt sich aus den ehemals sehr schwierigen Beförderungsbedingungen auf den Inseln oder gar von einem Eiland zum nächsten. So wurde erst 2003 die letzte verbleibende Briefträgerroute über einen Gebirgspass überflüssig, als ein Tunnel zum bislang isolierten Dorf Gásadalur durchstochen wurde. Kein Geringerer als der Postbote selbst hatte die Ehre der ersten Sprengung und er war auch der erste Mensch, der den Tunnel durchschreiten durfte.

Und aus der Zeit, als es noch keine regelmäßigen Fährverbindungen zwischen den bewohnten Inseln der Färöer gab, ist die Geschichte überliefert, dass eine Bootsmannschaft einen Brief auf die Insel Suðuroy zugestellt hatte – und wegen schlechten Wetters zwei Wochen lang auf dieser Insel ausharren musste!

Vom Schneebesen zum Hubschrauber

Auch in der Musik ist die Inselgruppe größer, als man denkt. Europaweit einzigartig ist der Kettentanz mit den dazu vorgetragenen alten Balladen – kein anderes Land konnte mittelalterliches Brauchtum derart authentisch in die Moderne retten. Die färöische Sprache wurde so erhalten, denn seit der Reformation um 1540 war die Schriftsprache vollständig verschwunden und konnte nur durch die gesungenen Balladen bis in unsere Zeit überliefert werden. In alle Welt getragen wird sie unter anderem von der Sängerin Eivør Pálsdóttir. Sie gilt als färöisches Pendant zum isländischen Musik-Export Björk. Kritiker nennen sie „Eisgöttin“, ihre Stimme als „von Gott gegeben“ oder sie sprechen von einem „außerordentlichen Talent“. Wie puristisch die Färinger mit ihrer Sprache umgehen, mag bezeugen, dass ein Küchengerät quasi in die Luft gegangen ist: Von „tyril“ (Schneebesen) wurde „tyrla“ (Hubschrauber) abgeleitet.

Linke Seite:
Einen besseren Schutz als diesen Naturhafen bei Gjógv könnten sich die Fischer für ihre Boote wohl kaum wünschen. Wenn die Schiffe auch sehr einfach sind, so halten sie in ihrer Robustheit doch der rauen See stand.

Wie bei den skandinavischen Ländern zeigt auch die Flagge der Färöer ein Kreuz: rot mit blauer Umrandung. Die „Føroyar“, wie das Land in der Landessprache heißt, wurden im Mittelalter entdeckt und besiedelt – heute gelten sie wirtschaftlich als Vorzeigeland und als eines der „besten Reiseziele der Welt“.

Der Leuchtturm am Fährhafen von Tórshavn weist den Schiffern den richtigen Weg. Auf dem Archipel mitten im Nordatlantik ist nicht nur das Signal wichtig; wegen des häufigen Nebels sind auch die Signalfarben des Turmes von größter Bedeutung.

Rechte Seite:
Aus dieser Perspektive wirkt die färöische Hauptstadt Tórshavn fast wie eine Großstadt. Im Hintergrund ist die Fähre Norröna zu sehen, die größer ist als jedes Haus in der Stadt.

P/F VALDEMAR

Das St. Olavsfest in „Thors Hafen" (Tórshavn) am färöischen Nationalfeiertag ist eine Mischung aus Tradition, Spiel, Spaß und Sport. Mutter und Tochter zeigen sich in Nationaltracht, beim Kirchgang schreiten Bischof und Ministerpräsident an der Spitze des Zuges. Anders dann beim Langbootrennen: hier sorgt ein Sprung ins kühle Nass für die Abkühlung eventuell erhitzter Gemüter.

Linke Seite:
Das Dorf Kvívík am Vestmannasund auf der Insel Streymoy könnte mit seinen 400 Einwohnern fast schon zu den großen Orten der Färöer gezählt werden. Denn manche Orte haben nur eine Handvoll Bewohner, fünf Gemeinden zählen immerhin über tausend Köpfe und nur Klaksvík (4 600) sowie die Hauptstadt (17 000) reichen an die Zahlen einer Kleinstadt heran.

Die Gemeinde Vestmanna liegt auf der Insel Streymoy in einer Bucht des Vestmannasundes. Von der Nachbarinsel Vágar, auf der sich der färöische Flughafen befindet, ist Vestmanna per Schiff erreichbar.

Linke Seite:
Bei einem Schiffsausflug von Vestmanna zeigen sich die Vogelklippen in ihrer ganzen majestätischen Schönheit. Hier können sich die Vögel richtig ungestört fühlen, denn für andere Tiere oder Menschen sind die steilen Felsen so gut wie unerreichbar.

Bereits bei der Anreise mit der Fähre Norröna zu den Färöern bilden Möwen einen „Begleitschutz". Die Papageientaucher hingegen bauen ihre Nester möglichst auf einem der höchsten und unzugänglichsten Felsvorsprünge – das hilft allerdings wenig, denn gefüllt gelten sie als Delikatesse ...

Diese Doppelseite:
Ob Nebel oder Sonnenschein, das kleine Dorf Saksun mit seinen 25 Einwohnern ist einen Abstecher wert. Nahe der unzugänglichen Westküste von Streymoy ist es allerdings kein Küstendorf, sondern der Ort liegt an einer Lagune. Sehenswert sind die Kirche von 1856 sowie der Museumshof Dúvugarðar.

Seite 198/199:
Vom höchsten Berg der Färöer, dem Slættaratindur (882 Meter) auf der Insel Eysturoy, bietet sich ein wunderschöner Blick über den Sundini und auf den Fischerort Eiði. Dass dieses Dorf bereits früher eine gewisse Bedeutung hatte, bezeugt das Bauernhausmuseum à Látrinum, denn hier wohnten in der „Rauchstube" nur die Knechte und Mägde, während die Bauernfamilie zusätzlich eine private Wohnung hatte.

Der Legende nach wollten der „Risin" (Riese) und das „Kellingin" (Trollweib) die Färöer Richtung Island ziehen. Da sie von der Morgendämmerung überrascht wurden, versteinerten sie – und heute sind sie als Felsnadeln bei Eiði zu bewundern.

Rechte Seite:
Malerisch mutet die Morgenstimmung im Hafen von Selatrað auf der Insel Eysturoy an. Der Ort mit seinen gut 50 Einwohnern wurde bereits im „Hundebrief" (ca. 1350; Anhang des „Schafsbriefes") erwähnt.

Innan Glyvur ist ein Ortsteil von Skáli und liegt am Skálafjørður, der die Insel Eysturoy praktisch in zwei Hälften teilt. Fast hätten die Eiszeitgletscher es geschafft, dass dieser Fjord zusammen mit dem Funningsfjørður einen durchgehenden Sund schafft.

Rechte Seite:
Das Dorf Oyndarfjørður mit seiner kleinen Kirche liegt am gleichnamigen Fjord auf der Insel Eysturoy und ist für seine Rinkusteinar bekannt. Die zwei Felsbrocken liegen im seichten Wasser und bewegen sich mit den Wellen. Ein zum Festland gespanntes Seil zeigt die Bewegung der Steine an.

Noch hängen die Wolken hoch über dem Funningsfjørður und der kleinen Ansiedlung Djœpini auf der Insel Eysturoy, doch das kann sich schnell ändern. Denn auf den Färöern können sämtliche Wetterkapriolen an einem einzigen Tag auftreten.

Rechte Seite:
Im Ort Funningsfjørður am gleichnamigen Fjord leben die Menschen von der Fischzucht. Zusammen mit dem Fischfang bildet die Zucht ein wirtschaftliches Rückgrat der Färöer, so dass der Archipel heute statt „Schafsinseln" auch „Fischinseln" heißen könnte.

Linke Seite:
Der malerische Fischerort Gjógv im Norden der Insel Eysturoy zählt wegen seiner Idylle zu den bekannten Sehenswürdigkeiten der Färöer. Die bunten Häuser wirken beinahe wie Legosteine in der Landschaft.

Der kleine Bach beim Dorf Gjógv hat einen erstaunlichen Wasserfall zu bieten. Wie überall auf den Färöern findet man auch hier schwarz geteerte Hausfassaden.

Zottelige Schafe findet man überall auf den Färöern und der Widder ist auch das Wappentier des Archipels. Doch bereits im „Schafsbrief", dem ältesten erhaltenen mittelalterlichen Dokument der Färöer, wurde die maximale Zahl von Schafen auf den Weideplätzen der Inseln festgelegt; bei der heutigen Zahl von 50 000 Bewohnern liefern sie nicht mehr genügend Fleisch, so dass dieses jetzt auch eingeführt wird.

Rechte Seite:
Eine faszinierende Landschaft prägt das Bild bei Gjógv. An dieser rauen Nordküste Eysturoys ist moderne Fischereiindustrie unmöglich, so dass hier nach wie vor die Landwirtschaft eine wichtige Rolle spielt.

Elfen, Trolle und Weihnachtsgesellen – Island

In Island leben nicht nur gut 300 000 Isländer (und doppelt so viele Schafe), sondern auch ein ganzes Volk von Unsichtbaren: Elfen, Feen, Zwerge und Trolle. Jedes Kind in Hafnarfjörður kennt die Wohnungen der fabelhaften Wesen in den Lavahügeln des Ortes. Erla Stefánsdóttir markierte die Lage der Häuser und Burgen in der „Hidden Worlds Map" und in der Hauptstadt Reykjavík gibt es die einzige Elfenschule der Welt: Der Historiker Magnús Skarphédinsson weiht Besucher in die Geschichte(n) der Elfen ein.

In diesem Land, das als höchstentwickelter Staat der Welt gilt, gibt es keinen Weihnachtsmann – dafür aber dreizehn Weihnachtsgesellen. Und die braucht man auch, dauert doch Weihnachten 26 Tage. Am ersten Tag kommt der erste, am zweiten der nächste und so weiter, bis am 24. Dezember alle da sind. Danach verschwinden alle in der gleichen Weise wieder. Heutzutage bringen sie auch Geschenke, doch erst einmal kommen Spaß und auch ein wenig Ärger: Stúfur, der Knirps, liebt die angebrannten Reste in der Pfanne. Pottaskefill, der Topfschaber, leckt die Kochtöpfe leer. Hurðaskellir schließlich, der Türzuschlager, ärgert die Leute durch Lärm …

Nabel der Welt

Nicht nur Lärm und Getöse, Verwüstung auf der einen und Landgewinn auf der anderen Seite können Vulkanausbrüche bringen. Einer der weltweit bekanntesten geschah 1973 auf den Westmännerinseln. Die Bevölkerung der einzig bewohnten Insel Heimaey wurde innerhalb kürzester Zeit evakuiert. Das einzige Todesopfer war ein Mann, der in eine Apotheke einbrechen wollte und giftige Dämpfe einatmete, denn Kohlendioxid zusammen mit giftigen Gasen sammelte sich in vielen von der Vulkanasche bedeckten Gebäuden. Der Pragmatismus der Isländer zeigt sich darin, dass die Lava, die aufgrund ihrer schlechten Wärmeleitfähigkeit sehr lange heiß bleibt, bereits kurz nach dem Ende der Eruptionen für Heizenergie benutzt wurde. Nach dem Bau von vier Kraftwerken konnten praktisch alle Häuser der Insel mit dieser Energie versorgt werden.

Das zweite wichtige Element neben dem Feuer der Vulkane ist das ewige Eis der Gletscher. Einer davon, der Snæfellsjökull, kam zu höchsten literarischen Eh-

Linke Seite:
Das Kap Dyrhólaey ist der südlichste Punkt Islands und liegt unweit von Vík í Mýrdal. Hier scheint sich die Küste für unendliche Zeiten mit dem Meer vermählen zu wollen.

Die robusten Islandpferde waren in früheren Zeiten als Transport- und Lasttiere überlebenswichtig. Heute erleben sie bei Sport und Freizeit eine Renaissance und dürfen, um die Reinheit der Rasse zu erhalten, nicht (wieder) ins Land eingeführt werden.

ren. Bei Jules Vernes „Reise zum Mittelpunkt der Erde“ ist er das Tor zu einem unterirdischen Weg, der von dem isländischen Forscher Arne Saknussemm entdeckt wird. Der isländische Literatur-Nobelpreisträger Halldór Laxness widmete sich ihm in seinem Werk „Am Gletscher“.

Hoch zu Roß mit fünf Gängen

Die Erben der Edda und der Sagas sind immer noch in Literatur verliebt wie kaum ein anderes Volk. Kein Wunder, ihre Sprache hat sich so wenig verändert, dass sie die mittelalterlichen Erzählungen nach wie vor im Original lesen können. Und sie bewegen sich auch gerne wie zur Zeit der „Landnahme“ vor über tausend Jahren hoch zu Ross fort, zumindest in ihrer Freizeit. Die Islandpferde verfügen als einzige Rasse über fünf Gangarten, die dem Reiter, vor allem im Tölt, ein sehr angenehmes Fortkommen bescheren.

Bereits bei der ersten Zusammenkunft des AlÞing, des ersten Parlaments der Welt, im Jahr 930 wurde ein Einfuhrverbot für Pferde beschlossen, das bis heute strikt gewahrt wird. Damit wird das Einschleppen von Krankheiten verhindert und die Reinheit der Rasse bewahrt. Heute lieben die Isländer natürlich auch ihre geländegängigen Autos und Busse, die vor allem auf den unwegsamen Pisten des Hochlands unverzichtbar sind. In Reykjavík ist dies weniger nötig, schließlich sind hier, der geothermalen Energie sei Dank, viele Gehwege und Straßen im Winter beheizt – und damit natürlich schnee- und eisfrei.

Die Rauchbucht

Island will als erster Staat der Welt unabhängig vom Erdöl werden; riesige Gletscherflüsse treiben Kraftwerke an und die wärmespendende Kraft der Erde dringt bis an die Oberfläche. Es wurde bereits darüber nachgedacht, Strom über ein Unterseekabel nach Kontinentaleuropa zu exportieren. In Gewächshäusern gedeihen sogar Bananen (die nördlichsten der Welt) – weniger zum kommerziellen Zweck als vielmehr zum Beweis, dass der Anbau hier tatsächlich möglich ist. Und was wäre ein Besuch Islands ohne ein Bad in der berühmten Blauen Lagune?

Die Dämpfe dieser heißen Quellen erschienen den Landnehmern als „Rauch“ – deshalb nannten sie die erste Siedlung Reykjavík, Rauchbucht. Aus den wenigen Torfhäusern von einst ist die am nördlichsten gelegene Hauptstadt der Welt geworden. Während der Amtszeit von Vigdís Finnbogadóttir, der ersten Frau weltweit, die als Staatsoberhaupt gewählt worden war, trafen sich hier erstmals Ronald Reagan und Michail Gorbatschow. So begann also bei Nieselregen und Sturmböen, das Eis zwischen den Weltmächten zu schmelzen. Mit der sagenhaften Karriere des Popstars Björk entwickelte sich auch die Kneipenszene rasant und wohl mancher besonders hippe Trendsetter träumt davon, das Wochenende hier statt in den einschlägigen Lokalen von London oder New York zu verbringen …

Linke Seite:
Grassodendächer schützten in alten Zeiten die Häuser vor den Unbilden des Wetters. Der eindrucksvolle Grassodenhof von Laufás am Eyjafjörður bei Akureyri war besonders groß und bis 1936 bewohnt. Heute kann man ihn als Museumshof besichtigen.

Das geheimnisvolle Polarlicht kann man mit etwas Glück im Winter erleben, wie hier im Nationalpark Skaftafell im Südosten Islands. Während wir es heute mit der wissenschaftlichen Erklärung im Hintergrund bewundern, flößte es den Menschen früher Angst ein.

Der Gletschersee Jökulsárlon liegt im Süden Islands direkt an der Ringstraße und fast auf Meereshöhe. In ihn kalbt das Eis des Breiðamerkurjökulls, der ein winziger Ableger des Giganten unter den Gletschern Europas, des Vatnajökulls, ist. Direkt westlich davon war 1362 der Hnappafellsjökull ausgebrochen und hatte Höfe mitsamt Ackerland zerstört. Nach einem weiteren Ausbruch 1727 wurde das Gebiet „Öræfi" genannt, was Einöde, Ödland oder Wüste bedeutet. Und so wirkt es wohl auch heute noch auf den Besucher.

Linke Seite:
Einer der eindrucksvollsten Wasserfälle Europas ist trotz der geringen Höhe von nur 45 Metern der Dettifoss. Denn die Wassermassen stürzen über die stattliche Breite von 100 Metern tosend in die Tiefe.

Auf den ersten Blick könnte man sich fast in die bayerischen Berge versetzt fühlen. Doch diese Sumpflandschaft mit Wollgras und stattlichen Bergen im Hintergrund findet man am Álftafjörður im Süden der isländischen Ostfjorde.

1417
BJÖSSI SÖR

Warm anziehen muss sich, wer auf Walsafari gehen will wie hier vor der Küste von Húsavik. Die Walbeobachtung ist nirgendwo besser möglich und so schmückt sich der Ort auch mit dem Titel „Hauptstadt der Walbeobachtung Europas". Begleitet wird das Schiff von einem Delfin, der die regelmäßigen Touren schon bestens kennt.

Linke Seite:
Der Goðafoss, der Götterfall, ergießt sich zwar nur über eine Höhe von zehn Metern, doch gerade in diesem dramatischen Abendlicht präsentiert er sich besonders fotogen. Da er im Norden Islands direkt an der Ringstraße liegt, gehört dieser Wasserfall zu den meistbesuchten Sehenswürdigkeiten des Landes.

Links:
Die Islandpferde sind es gewöhnt, im Sommer, wenn es nicht dunkel wird, die Nacht zum Tag zu machen. Hier haben sie sich an einem kleinen Fluss nahe des Sees Mývatn zusammengefunden, der seinen Namen „Mückensee" (leider) zu Recht trägt.

Seite 222/223:
Der Mývatn im Nordosten Islands ist nicht nur für seine Mückenplage bekannt, die Quälgeister sind auch eine wichtige Nahrungsgrundlage für viele verschiedene Arten von Vögeln. Früh am Morgen allerdings liegt der See still und ruhig da und weder Zuck- noch Kriebelmücken geschweige denn die aus Amerika eingewanderten Spatelenten lassen sich blicken.

Café
Café
PARIS

Linke Seite:
In der zweitgrößten Stadt Islands, Akureyri, finden sich noch viele schöne alte Holzhäuser. Liebevoll gepflegt zieht der alte Ortskern im Norden des Landes immer mehr Besucher an.

Links:
Wer einmal Pause machen möchte von der überwältigenden Natur Islands, der findet zum Beispiel im Zentrum von Akureyri dieses gemütliche Café. Gewöhnungsbedürftige isländische Spezialitäten wie angesengte Schafsköpfe oder anrüchige Gammelrochen wird man hier vergebens suchen ...

Seite 226/227:
Die isländischen Torfhäuser konnten aus statischen Gründen nur klein gebaut werden, sodass immer mehrere Häuser zu einem Wohnkomplex zusammengefasst wurden. Das Besondere am Torfmuseum Glaumbær bei Sauðárkrókur in Nordisland ist die original erhaltene Einrichtung aus dem 18. und 19. Jahrhundert.

Linke Seite:
Der Muschelsandstrand bei Búðir im Westen Islands lädt zu einem Strandspaziergang ein, das Wasser des Atlantiks ist allerdings nicht badetauglich. Und wer von dieser südlich anmutenden Strandatmosphäre in die Gletscherkälte wechseln möchte: zum Snæfellsnes ist es von hier nur ein Katzensprung.

Auch wenn die Piste der Kjölur-Route für eine Hochlandquerung Islands als „komfortabel" gilt – nach all dem Gerüttel freut sich wohl jeder auf ein Bad im fabelhaften „Heißen Pott" des Geothermalgebiets von Hveravellir. Diese „Badewannen" mitten in der Natur gibt es nicht nur im Hochland, sondern auch an leichter zugänglichen Küstenorten.

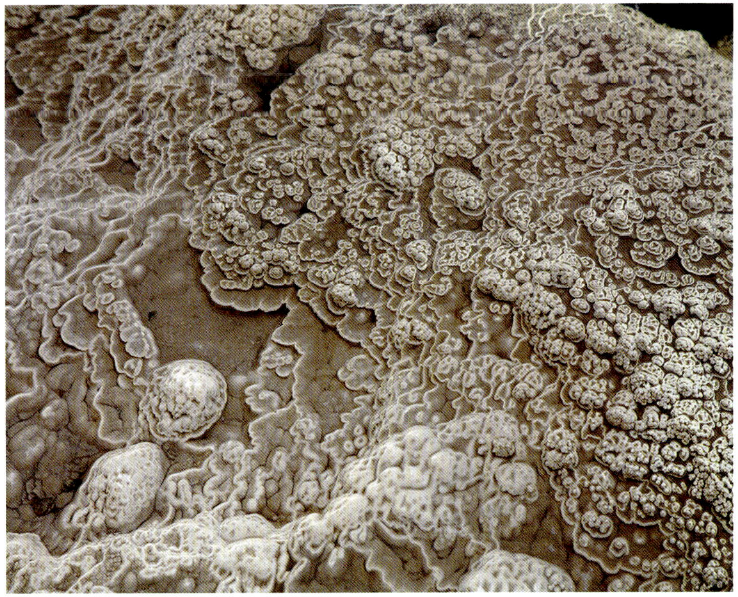

Vulkanismus wie aus dem Bilderbuch: „Fumarole" nennt man die Austrittsstelle vulkanischer Gase und Dämpfe und „Solfatare" einen heißen, schwefelhaltigen Dampfaustritt. Um eine Fumarole bildet sich zuweilen etwas, was wie ein Mini-Vulkan aussieht und in Wirklichkeit nur Kalkablagerungen sind (linke Seite). Sie können auch als Sinterterrassen oder blumenkohlartig in Erscheinung treten. Im geothermischen Feld Hveravellir an der Kjölur-Route im isländischen Hochland prägen sie das vielfältige Landschaftsbild. Das ist interessant anzusehen, anziehender ist allerdings ein Bad in einem der hiesigen „Heißen Pötte".

Island ist nicht nur im Sommer eine Reise wert. Im Winter sind besonders die Fahrten mit einem Hundeschlitten beliebt. Wenn dann auch noch das Wetter mitspielt wie hier am Langjökull, dann ist das Glück perfekt. Dieser ist mit 950 Quadratkilometern der zweitgrößte Gletscher Islands und auch für Touren mit dem Allradfahrzeug beliebt.

Linke Seite:
Das Hochland Landmannalaugar auf dem Rücken eines Islandpferdes zu erleben gehört sicher zu den schönsten Erlebnissen auf der Insel aus Feuer und Eis. Hier warten die Tiere in der Ebene Jökulgil geduldig auf eine Touristengruppe.

Zauberhaft ist die Abendstimmung am Rhyolithberg Kjaftalda im Hochland Landmannalaugar. Rhyolith ist ein für seine Farbenpracht berühmtes saures Ergussgestein, das in Island nirgendwo sonst so großflächig vorkommt wie hier.

Linke Seite:
Im Hochland Landmannalaugar gibt es Gegensätze, wie sie größer kaum sein könnten: grünes Sumpfland mit bunten Blumen vor dem Lavastrom Laugarhraun. Den Namen des Hochlandes könnte man übersetzen mit „Heiße Quellen der Männer vom Land".

In Island können Sand und Wasser interessante Formen hervorbringen (oben links). Während die Wiesen-Wucherblume Leucanthemum Vulgare (unten links) nur an wenigen Plätzen, meist am Strand im Lavasand, gedeiht, findet man das Arktische Weidenröschen Epilobium Latifolium (oben und unten rechts) sehr häufig.

Linke Seite:
Der Gullfoss liegt nicht nur am „Golden Circle", der beliebtesten Rundtour Islands, er heißt auch übersetzt „Goldener Fall". Bis zu 70 Meter donnert das Wasser in die Tiefe, wobei schon die Rekordmenge von 2000 Kubikmetern pro Sekunde gemessen wurde.

Links:
Der Skógafoss an der isländischen Südküste lässt seine Wassermassen auf einer Breite von 25 Metern stolze 60 Meter in die Tiefe stürzen. Einer Legende nach soll der Landnehmer þrasi þórólfsson eine Kiste voller Gold in einer Höhle hinter dem Wasserfall versteckt haben.

Seite 240/241:
Das südlichste Dorf des isländischen Festlandes, Vík í Mýrdal, ist eingebettet in eine großartige Umgebung. Die mit Grün überzogenen Vulkanfelsen des Mýrdalsjökull bilden die Kulisse eines südlich anmutenden Traumstrandes.

Linke Seite:
Unweit von Vík í Mýrdal haben es sich die Papageientaucher hoch über dem Atlantik gemütlich gemacht, mit Blick auf bizarre Felsnadeln im Wasser. Die Küste ist unzugänglich – aber zum Baden wäre das Wasser trotz herrlichstem Sonnenschein sowieso zu kalt.

Die Küstenseeschwalbe (oben links) bevölkert Island zwischen Mai und August. Sie ist das Lebewesen, das weltweit am längsten von der Mitternachtssonne profitiert, denn sie „überwintert" in der Antarktis. Der Papageientaucher (oben rechts) kommt zum Brüten an Islands Küsten und gehört zu den Alkenarten, während der Ohrentaucher (unten links) zu den Lappentauchern gezählt wird. Ein typischer Vogel in der isländischen Heidelandschaft ist der Goldregenpfeifer (unten rechts).

In der isländischen Hauptstadt Reykjavík dominieren bunte Hausfassaden und ebenso farbenfrohe Wellblechdächer. Bei den modernen Bürogebäuden jedoch scheint man von dieser Tradition nicht viel zu halten. Immerhin dürfen sich die althergebrachten Bauten in den riesigen Glasflächen spiegeln …

Linke Seite:
Hier schmolz das Eis der Weltmächte: am 11. und 12. Oktober 1986 traf sich im isländischen Gästehaus Höfði in Reykjavík der damalige US-Präsident Ronald Reagan mit dem Generalsekretär der KPdSU, Michail Gorbatschow, zum ersten Gipfelgespräch.

Links:
Der erste Entdecker Amerikas, der Isländer Leifur Eiríksson, scheint für die imposante und hier von der Mitternachtssonne eindrucksvoll in Szene gesetzte Hallgrimskirche in Reykjavík nicht viel übrig zu haben: er dreht ihr den Rücken zu und wendet sich lieber gen Amerika.

Seite 248/249:
Für die Farbenpracht der nicht ganz untergehen wollenden Sonne fehlen fast die Worte: man muss es gesehen haben. Zu finden ist diese zauberhafte Stimmung am Ísafjarðardjúp, einem tief ins Land reichenden Fjord an der stark zerklüfteten Küste der isländischen Westfjorde.

NORWEGEN
SCHWEDEN
FINNLAND
ESTLAND
LETTLAND
LITAUEN
RUSSLAND
zu RUSSLAND
WEISS-RUSSLAND
DÄNEMARK
DEUTSCHLAND
POLEN
Nordsee
Ostsee
Bottnischer Meerbusen
Finnischer Meerbusen
Skagerrak
Kattegat
Trondheim
Kristiansund
Molde
Ålesund
Støren
Røros
Dovrefjell
Nordfjorden
Florø
Dombås
Jotunheimen
Otta
Sognefjorden
Sogndal
Fagernes
Lillehammer
Hamar
Gjøvik
Voss
Myrdal
Bergen
Geilo
Hardangervidda
Lillestrøm
Oslo
Drammen
Hauge-sund
Telemark
Stavanger
Skien
Moss
Fredrikstad
Larvik
Bygland
Egersund
Arendal
Flekkefjord
Kristiansand
Kap Lindesnes
Östersund
Jämtland
Hede
Sveg
Ljusdal
Dalarna
Mora
Bollnäs
Falun
Borlänge
Avesta
Sala
Värmland
Karlstad
Karlskoga
Örebro
Västerås
Mälarsee
Uppland
Uppsala
Stockholm
Eskil-stuna
Södertälje
Nyköping
Norrköping
Linköping
Motala
Mariestad
Vänern
Vättern
Mellerud
Dalsland
Uddevalla
Vänersborg
Göteborg
Borås
Götaland
Jönköping
Nässjö
Västervik
Oskarshamn
Visby
Gotland
Varberg
Falkenberg
Småland
Växjö
Halmstad
Kalmar
Öland
Ängelholm
Blekinge
Karlskrona
Helsing-borg
Kristian-stad
Kopenhagen
Malmö
Ystad
Trelleborg
Bornholm
Rønne
Ramsele
Sollefteå
Örnsköldsvik
Kramfors
Härnösand
Sundsvall
Hudiksvall
Söderhamn
Gävle
Vallgrund
Vaasa
Seinäjoki
Kaskinen
Kristinestad
Pori
Rauma
Turku
Åland
Mariehamn
Tampere
Hämeenlinna
Riihimäki
Hyvinkää
Vantaa
Espoo
Helsinki
Porkkala
Hanko
Kuopio
Joensuu
Jyväskylä
Varkaus
Haapamäki
Savonlinna
Jämsä
Mikkeli
Imatra
Lappeenranta
Salpausselkä
Lahti
Kuusankoski
Kouvola
Vyborg
Karhula
Kotka
Sankt Petersburg
Tallinn
Tartu
Riga
Vilnius
Kaliningrad
Skagen
Skagens Horn
Hirtshals
Frederiks-havn
Hanstholm
Thisted
Aalborg
Viborg
Randers
Holstebro
Grenå
Silkeborg
Ringkøbing
Århus
Jütland
Horsens
Esbjerg
Fredericia
Kolding
Odense
Fünen
Hadersleben
Helsingør
Roskilde
Seeland
Møn
Lolland
Falster
Gedser
Flensburg
Kiel

Nördl. Polarkreis
ISLAND
Ísafjörður
Kópasker
Siglufjörður
Húsavík
Bakkafjörður
Gláma
Hólmavík
Sauðárkrókur
Grenivík
Bíldudalur
Akureyri
Reykjahlíð
Blönduós
Mývatn
Breiðafjörður
Egilsstaðir
Seyðisfjörður
Eskifjörður
Stykkishólmur
Ólafsvík
Snæfellsnes
Langjökull
Hofsjökull
Kjölur
Sprengisandur
Djúpivogur
Borgarnes
Vatnajökull
Faxaflói
Akranes
Höfn
Reykjavík
Keflavík
Reykholt
Selfoss
Grindavík
Þorlákshöfn
Hvolsvöllur
Fagurhólsmýri
Myrdalsjökull
Vík
Streymoy
Eysturoy
Vágar
Tórshavn
Sandoy
Húsavík
Suðuroy
FÄRÖER
(zu Dänemark)
Nördl. Polarkreis
Barentssee
Europäisches Nordmeer
Nordkap
Magerøya
Honningsvåg
Varangerhalvøya
Vardø
Tana
Vadsø
Sørøya
Hammerfest
Polmak
Varangerfjorden
Sørøysund
Lakselv
Kirkenes
Alta
Finnmark
Murmansk
Ringvassøya
Tromsø
Karasjok
Kvaløya
Inarijärvi
Skibotn
Lappland
Inari
Senja
Ivalo
Vesterålen
Andøya
Kautokeino
Harstad
Langøya
Hinnøya
Lofoten
Narvik
Abisko
Karesuando
Svolvær
Vestfjorden
Kiruna
Kittilä
Sodankylä
Kalixälven
RUSSLAND
Pajala
Bodø
Fauske
Kemijärvi
Gällivare
Pello
Rovaniemi
Jokkmokk
Kuusamo
Norrbotten
Hornavan
Mo i Rana
Tornio
Haparanda
Kemi
Dønna
Arjeplog
Storavan
Boden
Mosjøen
Luleå
Vega
Rosvatn
Sorsele
Arvidsjaur
FINNLAND
NORWEGEN
Piteå
Hailuoto
Oulu
Storuman
Raahe
Vikna
Norrland
Oulujärvi
Skellefteå
Kajaani
Kuhmo
Västerbotten
Namsos
SCHWEDEN
Umeälven
Meerbusen
Iisalmi
Lieksa
Steinkjer
Åsele
Kokkola
Frøya
Umeå
Pielinen
Hitra
Smøla
Ramsele
Trondheim
Kuopio
Joensuu
Kristiansund
Vaasa
Trøndelag
Östersund
Sollefteå
Örnsköldsvik
Bottnischer
Stören
Molde
Kramfors
Seinäjoki
Jämtland
Pohjanmaa
Suomenselkä
Karelien

Impressum

Buchgestaltung:
SILBERWALD – Agentur für visuelle Kommunikation, Würzburg
www.silberwald.biz

Karte:
Fischer Kartografie, Aichach
www.computerkartografie.de

Printed in Germany

Repro und Layout:
Artilitho snc, Lavis -Trento, Italien
www.artilitho.com

Druck und Verarbeitung:
Offizin Andersen Nexö, Leipzig
www.oan.de

ISBN 978-3-88189-695-5

Weitere Bücher finden Sie auf:
www.verlagshaus.com

Max Galli lebt als Reisefotograf in St. Moritz. Seine Bilder sind in zahlreichen Bildbänden, Kalendern und Reportagen veröffentlicht. Im Verlagshaus Würzburg sind von Max Galli unter anderem Bildbände über Schweden, Norwegen und Island erschienen.

Michael Kühler, 1962 in Landshut geboren, studierte in Berlin Slawistik und Literaturwissenschaft. Heute lebt und arbeitet er in Stuttgart. Neben seiner Tätigkeit als Veranstalter von Kulturreisen ist er als Autor tätig, mit den Schwerpunkten Landeskunde und Reisethemen.

Bildnachweis:
Alle Bilder von Max Galli, mit Ausnahme des Bildes auf Seite 96:
©iStockphoto.com/Jason Verschoor

Umschlag vorne:
Glasklares Licht erhellt die Szenerie an diesem See im schwedischen Lappland. Die historische Großlandschaft „Lappland" erstreckt sich über Norwegen, Schweden und Finnland bis zur russischen Halbinsel Kola und ist Heimat der Samen.

Umschlag hinten:
Die Mitternachtssonne taucht den Porttipahdan tekojärvi in ein unwirkliches Licht. Im Herzen Finnisch-Lapplands, einer weitgehend menschenleeren Gegend gelegen, wurde dieser See 1970 für die Gewinnung von Wasserkraft aufgestaut. Heute ist er durch einen Kanal mit dem benachbarten Lokan tekojärvi verbunden und die berühmtesten „Bewohner" sind wohl die Seeadler.